《자신있게 말 거는》

즐겨라!!
여행프랑스어

저자 신정아

한국외국어대학교 불어과 졸업
동대학원 불문학 석사
프랑스 파리 3대학 불문학 박사
파리 통번역학교(ESIT) 번역부(한불번역) 졸업
현재 한국외국어대학교 불어과 강사

논문

"17-18세기에 나타난 라신의 '에스테르' 수용의 양상", 프랑스학회, 2002
"라신과 신구논쟁", 프랑스학회, 2002
"왕실 사료편찬관 라신과 '루이대왕의 세기' 건설", 프랑스문학의 지평, 프랑스학연구회, 2002

저서

Du Racine galant au Racine classique : Essai de sociopoétique de la réception de Racine aux 17e et 18e siècles, Villeneuve d'Ascq, Presses Universitaires du Septentrion, 2002.

《자신있게 말 거는》 즐겨라!! 여행 프랑스어

2003년 8월 9일 개정판 1쇄 발행
2005년 7월 5일 개정판 2쇄 발행

저자 신정아 / **펴낸이** 정정례 / **펴낸곳** 삼영서관
주소 서울 동대문구 답십리 3동 645-8 / **전화** 02) 2242-3668 / **팩스** 02) 2242-3669
Homepage : www.sysk.co.kr / **E-mail** : samyoung@sysk.co.kr
등록일 1978년 9월 18일 / **등록번호** 제 1-261호

Korean Edition ⓒ Sam Young Publishing Co., 2003
ISBN 89-7318-274-9 13760

정가 6,800원

■ 파본은 교환하여 드립니다.

《자신있게 말 거는》

즐겨라!!

여행 프랑스어

신정아 편저

도서출판 **삼영서관**

- ▶ 이 책의 순서
- ▶ 이렇게 꾸몄습니다

- ▶ 여행정보
  - 여권과 비자 · 10
  - 여행 준비물 · 14
  - 여행 준비 서류 · 12

- ▶ 기본표현
  - 프랑어의 발음 · 16
  - 실용단어 · 24
  - 패턴으로 익히는 중요표현 · 18
  - 기본표현 · 28

- ▶ 출국 준비
  - ❶ 항공권 전화 예약 · 36 / ❷ 항공권 직접 구입 · 40
  - ❸ 항공권 재확인 · 44 / ❹ 항공권 취소 및 변경 · 48

- ▶ 비행기 타기
  - ❶ 탑승 안내 · 50 / ❷ 좌석 찾기 · 54 / ❸ 기내 서비스 · 60
  - ❹ 기내 쇼핑 · 64 / ❺ 기내 서비스 요청 · 68 / ❻ 입국 신고서 작성 · 74
  - ❼ 환승 · 76

- ▶ 도착
  - ❶ 입국 심사 · 80 / ❷ 세관 검사 · 84 / ❸ 수하물 찾기 · 88
  - ❹ 환전 · 90 / ❺ 호텔로 이동 · 94

- ▶ 교통수단
  - ❶ 버스 · 96 / ❷ 기차 · 102 / ❸ 택시 · 110 / ❹ 자전거 · 114
  - ❺ 선박 · 116 / ❻ 지하철 · 118 / ❼ 렌터카 · 122 / ❽ 주유소 · 126
  - ❾ 드라이브 · 128

▶ 숙박
1. 호텔 예약 · 132 / 2. 호텔 체크인 · 138 / 3. 룸서비스 · 146
4. 호텔 시설 이용 · 152 / 5. 문제 발생 · 154
6. 호텔 체크아웃 · 160 / 7. 유스호스텔 · 164

▶ 식사
1. 레스토랑 예약과 안내 · 170 / 2. 식사 주문 · 174 / 3. 음식 · 178
4. 식탁에서 · 182 / 5. 후식(디저트) 주문 · 184
6. 음료 주문 · 186 / 7. 패스트푸드점 · 188 / 8. 계산하기 · 190

▶ 관광
1. 관광 안내소 · 194 / 2. 여행 자료 · 200 / 3. 길 안내 · 202
4. 사진 촬영 · 206 / 5. 미술관 · 박물관 · 208 / 6. 공연장 · 212
7. 영화관 · 214 / 8. 스포츠와 레포츠 · 216 / 9. 술집 · 218
10. 디스코장 · 222

▶ 쇼핑
1. 쇼핑 안내 · 224 / 2. 화장품 가게 · 226 / 3. 옷 가게 · 228
4. 안경 가게 · 232 / 5. 사진관 · 234 / 6. 보석 가게 · 236
7. 미용실 · 238 / 8. 슈퍼마켓 · 240 / 9. 계산하기 · 244
10. 포장 · 246 / 11. 배달 · 248 / 12. 반품 및 환불 · 250

▶ 통신 · 우편
1. 우편 · 254 / 2. 공중전화 · 258 / 3. 국제전화 · 262
4. 인터넷 · 팩스 · 264

▶ 문제 발생
1. 긴급 상황 · 268 / 2. 도난 · 270 / 3. 분실 · 272
4. 신용카드 · 여권 재발행 · 276 / 5. 병원 · 278 / 6. 약국 · 284
7. 차 고장 · 288 / 8. 교통사고 · 290 / 9. 길을 잃었을 때 · 294

▶ 귀국
1. 예약 재확인 · 298 / 2. 출국 · 300

▶ 핵심 단어장 · 303

1. 급할 땐 이것만이라도!

가장 중요한 표현을 선별하여 표지 안쪽면에 실어, 급할 때라도 책만 펼치면 바로 볼 수 있습니다.

2. 패턴으로 익히는 중요표현

하나의 패턴에 그때 그때 필요한 단어만 바꾸어 넣으면 각 상황에 필요한 표현을 쉽게 만들 수 있습니다. 책의 요약편이라고 할 수 있습니다.

3. 중요 표현

유용한 표현 중에서 가장 쓸모 있으면서, 쉽고 간결한 표현을 골랐습니다. 앞부분에 강조되어 있어서 보기에 편리합니다.

4. 유용한 표현

이 책의 핵심 부분입니다. 여행지에서 일어날 수 있는 여러 상황을 구성하여, 각 상황마다 꼭 필요한 필수 표현들을 실었습니다.

5. 어휘

유용한 표현에서 언급된 어휘를 다룹니다. 사전이 필요 없습니다.

6. 실용 회화

여행자를 중심으로 여행지에서 일어날 수 있는 실제 대화를 연출하였습니다. 일러스트레이트로 그 상황을 재현하여 공부하는 재미를 더했습니다.

7. 팁(Tip)

여행에 필요한 모든 정보가 담겨있습니다. 유용합니다.

8. 깜짝센스

우리와는 다른 문화를 가진 외국에서 순간순간 당황하지 않도록 주의사항과 에티켓을 알려줍니다.

여행정보

1. 여권과 비자
2. 여행 준비 서류
3. 여행 준비물

여권과 비자

1. 여권 **

여권이란 간단히 말해 한국인의 신분증이다. 다시 말하면 해외여행을 위해 국외로 떠나는 사람에게 정부가 여행을 허가해 준 허가증이며, 여행 중 한국인임을 증명할 수 있는 신분증명서이다.

여권은 여행자수표를 현지 화폐로 환전할 때, 면세품을 구입할 때, 렌터카를 임대하거나 호텔에 투숙할 때 반드시 제시해야 하며 신분증 역할을 하므로 해외여행 내내 소지하고 다녀야 한다.

여권 만들 때 필요한 서류

일반여권
- 구비서류 (14세 이상에 한함)
- 여권발급 신청서 (여권용 사진 2매)
- 주민등록증 (운전면허증, 공무원증)
- 병역관계서류 (병역의무자에 한함)
- 부모동의서 (18세 미만자에 한함)
- 대리신청시 뒷면에 위임장 기재 (위임자 및 대리인의 주민등록증 지참)
- 수수료 : 단수 15,000원 / 복수 45,000원

거주여권
- 구비 서류 (영주권 소지자)
- 신원진술서 4부 (신원조회 신청서 1매 교부)
- 호적등본
- 사진 5매 (여권용 사진 2매)
- 주민등록증
- 여권발급 신청서
- 해외 이주 신고 확인서 또는 영주권
- 국세, 지방세 완납(미과세) 증명서
- 병역관계서류 (병역의무자에 한함)
  ※ 병역미필자는 여권발급 신청 전에 관할 병무청장의 국외여행 허가서, 병적 제적 및 병역면제자는 병역사항이 기재된 주민등록초본 1부 필요
- 국외 이주 신고필증
- 수수료 : 37,500원

여권 발급처

서울특별시
- 외무통상부 여권과(전화 : 720-3582, 4285)
- 종로구청 여권과(전화 : 731-0610~4)
- 영등포구청 여권과(전화 : 670-3740~5)
- 서초구청 여권과(전화 : 570-6430~3)

5대광역시
- 부산 : (051) 888-4001
- 광주 : (062) 224-2003
- 인천 : (032) 427-1008
- 대구 : (053) 429-2253
- 대전 : (042) 250-2253

9개도청
- 경기도 : (031) 42-0911
- 경상남도 : (055) 83-3002
- 전라남도 : (062) 232-9129
- 제주도 : (064) 46-3000
- 충청남도 : (042) 253-3001
- 경상북도 : (053) 950-2253
- 강원도 : (033) 54-2011
- 전라북도 : (063) 80-2254
- 충청북도 : (043) 220-2253

2 비자 **

비자란 입국사증을 나타내는 말로 비자에 명시된 대로 그 나라에서 일정기간의 체류를 허용한다는 증명서로 이것이 없을 경우 입국을 거부당한다. 프랑스는 단기간인 경우, 목적에 관계없이 3개월간 비자 없이 입국이 가능하다. 물론 장기 비자인 경우는 입국 목적에 따라 구비서류와 소요시간이 현저히 달라지므로 주의한다.

장기 비자인 경우

- **수 수 료** : 99유로(환율에 따라 다르지만 한화로 약14만원, 비자 신청일에 반드시 현금으로 준비하여 대사관에 납부한다)
- **소요시간** : 서류를 접수한 날로부터 약 일주일(신청자가 많거나 방학기간 중에는 2-3주 정도 걸릴 수 있다)
- **업 무 처** : 프랑스 대사관 비자과(월~금요일 오전 9시 30분~12시까지만 접수

여행 준비 서류

1. 국제 학생증 **

각국의 항공, 철도, 선박 등 교통편의 특별할인 및 고궁, 경기장, 콘서트홀, 대극장, 박물관 등의 무료 입장 또는 할인이 가능하고, ISTC가 운영하는 숙박료(유스호스텔) 할인, 기타 가맹점에서의 5~50% 할인 등 여러 가지 혜택을 받을 수 있다.

- 발 급 처 : 국제학생여행사 종로 2가 YMCA 505호
- 전화 : 733 - 9494
- 구비 서류 : 학생증 사본, 사진 2장, 신청서
- 발 급 비 : 11,000원
- 발급 소요시간 : 1일
- 자 격 : 국가공인학교의 재학생
- 유효 기간 : 당해년도 12월 31일까지(1년간)

2. 국제 운전면허증 **

해외여행을 위한 여권소지자는 간단한 절차로 국제 운전면허증을 국내에서 발급받아 해외에 나가서 사용할 수 있다. (조건 : 국내 운전면허증 소지자로서 여권소지자 / 유효기간 : 발행일로부터 1년)

필요 서류

- 국내 운전면허증, 여권사본, 국제 운전면허 신청서, 사진 2매, 수수료
- 해당 거주지의 운전면허 시험장이나 경찰서에서 신청하고, 시/도 경찰국 교통과 면허계에서 발급

3 예방 접종 카드 ✽✽

검역전염병에 대하여 입국시에 예방접종 증명서를 요구하는 나라가 많으며 상황에 따라 수시로 변경되므로 출국 전 국립검역소(664-7074)에 문의한다.

4 해외여행보험 ✽✽

해외여행보험은 출발 1주일 전에 가입하는 것이 좋으며, 약 50%의 추가부담료만 내면 부부가 함께 보상받을 수 있다. 국내보험회사의 화재부에서 가입하며 여행사를 통해서도 가입이 가능하다.

- 휴대품 손해의 경우 필요 서류
  - 사고(도난)신고 증명서 : 현지경찰서의 사고확인증명서
  - 사고 상황 보고서 : 발생일시, 장소, 상황 등
  - 피해품목 명세서 : 품목, 수량, 시가, 구입 년월일 등
  - 손해견적서, 수리견적서, 구입영수증, 피해품의 사진
- 상해 · 질병의 경우 필요 서류
  - 의사의 진단서
  - 병원의 영수증 : 치료비 내역을 알 수 있는 것

5 유스호스텔 회원증 ✽✽

국제 유스호스텔협회에서 발행한 이 회원증이 있으면 전 세계의 유스호스텔을 저렴하게 이용할 수 있어 매우 편리하다. (전화 : 725 - 3031)

- 발급처 : 한국 유스호스텔 연맹 종로구 적선동 80 적선현대빌딩 409
- 발급비 : 25세 이상 20,000원
  24세 이하 15,000원 (국제학생증 소지자는 20% 할인)

여행정보

여행 준비물

- [ ] 현금
- [ ] 여권(가족여권인 경우 동반자 기재사항 확인)
- [ ] 비자(장기 비자의 경우)
- [ ] 예방접종 카드(여권과 함께 철함)
- [ ] 항공권(예약 재확인)
- [ ] 사진(비자용 예비 포함)
- [ ] 여행자 보험
- [ ] 국제 운전면허증
- [ ] 예약 호텔 전화번호
- [ ] 항공사 현지 전화번호
- [ ] 현지 방문자 전화번호

세면도구	☐ 치약 ☐ 칫솔 ☐ 면도기(건전지용) ☐ 손톱깎기 ☐ 생리용품 ☐ 바디샴푸
화장품	☐ 기초화장품 ☐ 화운데이션 ☐ 색조화장품 ☐ 파우더 ☐ 선탠오일
안경	☐ 선글라스 ☐ 콘텍트렌즈 ☐ 식염수 ☐ 렌즈클리너 ☐ 예비용 안경(분실 파손시)
재봉용품	☐ 실 ☐ 바늘 ☐ 시침핀 ☐ 소형가위 ☐ 단추
수첩	☐ 여권번호 ☐ 항공권번호 ☐ 여행자 수표번호 ☐ 신용카드 번호 등 기재
참고도서	☐ 불한사전 및 관광 안내책자 ☐ 지도
비상약품	☐ 소화제 ☐ 위장약 ☐ 설사약 ☐ 감기약 ☐ 진통제 ☐ 멀미약 ☐ 자신의 지병약 ☐ 일회용 밴드
필기도구	☐ 볼펜 2개 정도
의류	☐ 긴팔 셔츠 ☐ 바지 ☐ 정장(고급 레스토랑에서 식사할 경우 필요) ☐ 재킷 ☐ 속옷 ☐ 양말
신발	☐ 운동화 ☐ 샌들
카메라	☐ 소형(필름은 여유있게)
기타	☐ 기념품(우리나라 토산품·공예소품 등을 준비)

기본표현

1. 프랑스어의 발음
2. 패턴으로 익히는 중요표현
3. 실용단어
4. 기본표현

프랑스어의 발음

누구에게나 처음 대하는 언어는 어렵고 힘들게 느껴지는 것이 당연하며 불어도 예외는 아니다. 이 책에서는 모든 불어 표현의 발음을 한글로 달아두었지만 불어 발음의 기본을 어느 정도 익혀두면 발음하기가 훨씬 자연스럽고 쉬울 것이다. 불어는 영어와 달리 단어의 악센트는 따로 없고, 다만 각 단어의 맨 끝에 약간의 악센트를 주는 것이 일반적이다. 불어의 발음 체계는 다음과 같다.

모음

발음 기호	해당 철자	한국어 발음
/i/	i, î, y	이
/E/	e+자음, é, è, ê, ai, ei	에, 애
/A/	à, â, a	아
/O/	o, ô, au, eau	오
/u/	ou, où	우
/y/	eu, œu	위 (우리말의 '위' 처럼 발음하지만 단모음이므로 입모양을 둥글게 해서 변화시키지 않은 상태에서 발음한다)
/Œ/		외 (주의 사항은 위와 동일)
/ẽ/	in, im, yn, ym, ain, ein, un, um	앵, 엥
/ã/	an, am, en, em	앙
/õ/	on, om	옹

자음

발음 기호	해당 철자	한국어 발음
/p/	p	ㅃ
/t/	t, th	ㄸ
/k/	k, c(+a, o, u), qu	ㄲ
/s/	s, c(+i, e), ç, sc	ㅆ, ㅅ

16

발음 기호	해당 철자	한국어 발음
/ʃ/	ch	슈
/f/	f, ph	ㅍ (우리말의 'ㅍ'과는 달리 영어에서처럼 윗니로 아랫입술을 깨물 듯 하다가 너뜨리면서 발음함)
/b/	b	ㅂ
/d/	d	ㄷ
/g/	g(+a, o, u)	ㄱ
/z/	z, s(모음과 모음 사이), x	ㅈ
/ʒ/	g, j	쥬
/v/	v	ㅂ ('f'의 발음 때와 마찬가지 방법으로 발음함. 특히 'b'와 구분하여 발음할 것.)
/R/	r	ㄹ (우리말의 'ㄹ'과 같은 발음이 아니라 목구멍 안쪽에서 나는 소리로 'ㅎ' 소리에 가깝지만 그렇다고 'ㅎ'으로 발음하면 못 알아듣는다.)
/l/	l	ㄹ
/m/	m	ㅁ
/n/	n	ㄴ
/ɲ/	gn	뉴, 니으 (하나의 소리이므로 입모양을 변화시키지 말고 고정한 채로 발음해야 한다)

기본 표현

패턴으로 익히는 중요표현

1. ~를 불러 주세요. Appelez _____ , s'il vous plaît.

구급차를 불러주세요.
Appelez une ambulance, s'il vous plaît.
아쁠레 윈 앙뷜랑스 씰 부 쁠래

▶ 이렇게도 바꿔보세요!

- 경찰 *la police* 라 뽈리쓰
- 의사 *un médecin* 앵 메드쌩

2. ~을 잃어버렸습니다. J'ai perdu _____ .

가방을 잃어버렸습니다.
J'ai perdu mon sac.
줴 빼르뒤 몽 싹

▶ 이렇게도 바꿔보세요!

- 돈 *mon argent* 몬 아르장
- 신용카드 *ma carte de crédit* 마 까르뜨 드 크레디
- 여권 *mon passeport* 몽 빠스뽀르
- 지갑 *mon portefeuille* 몽 뽀르뜨푀이
- 티켓 *mon ticket* 몽 띠께
- 여행자 수표 *mes chèques de voyage* 메 셰끄 드 부와이쥬

3 ~을 주십시오. _____, s'il vous plaît.

물을 주십시오.
De l'eau, s'il vous plaît.
들 로 씰 부 쁠래

이렇게도 바꿔보세요!

- 계산서 *l'addition* 라디씨옹
- 시내지도 *un plan de la ville* 앵 쁠랑 들 라 빌
- 티켓 *un ticket/un billet* 앵 띠께/앵 비예
- 음료수 *quelque chose à boire/une boisson* 껠끄 쇼즈 아 부와르/ 윈 부와쏭
- 맥주 *de la bière* 들 라 비에르
- 담요 *une couverture* 윈 꾸베르뛰르

4 ~하려고 합니다. Je voudrais _____.

예약을 재확인하고 싶은데요.
Je voudrais reconfirmer ma réservation.
쥬 부드레 르꽁피르메 마 레제르바씨옹

이렇게도 바꿔보세요!

- 비행장에 가다 *aller à l'aéroport* 알레 아 라에로뽀르
- 비행기를 예약하다 *réserver un vol* 레제르베 앵 볼
- 예약을 확인하다 *confirmer la réservation* 꽁피르메 라 레제르바씨옹
- 예약을 변경하다 *modifier la réservation* 모디피에 라 레제르바씨옹
- 원화를 유로화로 환전하다 *changer des wons en euros* 샹제 데 원 안 외로

기본표현

5 ~은 어디에 있습니까? *Où est* _____ ?

안내 데스크는 어디에 있습니까?
Où est le bureau d'accueil ?
우 에 르 뷔로 다꿰이

▶ 이렇게도 바꿔보세요!

- 에어 프랑스 카운터 *le comptoir d'Air France*
  르 꽁뚜와르 대르 프랑스
- 면세점 *la boutique hors taxes* 라 부띠끄 오르 딱쓰
- 매표소 *le bureau de vente des billets / le guichet*
  르 뷔로 드 방뜨 데 비예 / 르 기셰
- 탑승 게이트 *la porte d'embarquement* 라 뽀르뜨 당바르끄망
- 분실물 센터 *le bureau des objets trouvés* 르 뷔로 데 오브제 트루베
- 입구/출구 *l'entrée / la sortie* 랑트레 / 라 쏘르띠
- 화장실 *les toilettes* 레 뚜왈레뜨
- 환전소 *le Change* 르 샹쥬
- 20번 게이트 *la porte 20* 라 뽀르뜨 뱅
- 환승 카운터 *le guichet de transit* 르 기셰 드 트랑지프
- 택시정류소 *la station de taxi* 라 스따씨옹 드 딱시
- 버스정류소 *l'arrêt de bus* 라레 드 뷔쓰
- 지하철역 *la station de métro* 라 스따씨옹 드 메트로

6 ~해도 됩니까? Puis-je _____ ?

이 옷을 입어봐도 됩니까?
Puis-je essayer ce vêtement ?
쀠 쥬 에쎄이에 쓰 베뜨망

▶ **이렇게도 바꿔보세요!**

- 담배를 피우다 **fumer** 퓌메
- 사진을 찍다 **prendre une photo** 프랑드르 윈 포또
- 여기에 앉다 **m'asseoir ici** 마쑤와르 이씨
- 이것을 가지다 **avoir cela** 아부와르 쓸라
- 들어가다 **entrer** 앙트레
- 화장실을 이용하다 **utiliser les toilettes** 위띨리제 레 뚜왈레뜨
- 이름을 묻다 **demander le nom** 드망데 르 농
- 자기 소개를 하다 **me présenter** 므 프레장떼
- 창문을 열다 **ouvrir la fenêtre** 우브리르 라 프네트르
- 창문을 닫다 **fermer la fenêtre** 페르메 라 프네트르
- 그것을 사용하다 **l'utiliser** 뤼띨리제

기본표현

7. ~하고 싶습니다. *Je voudrais* _____.

골프투어에 참가하고 싶습니다.
***Je voudrais** participer au tournoi de golf.*
쥬 부드레 빠르띠씨뻬 오 뚜르누와 드 골프

이렇게도 바꿔보세요!

- 낚시하러 가다 *aller à la pêche* 알레 알 라 뻬슈
- 카누를 타다 *faire du canoë* 페르 뒤 까노에

8. ~은 얼마입니까? *C'est combien,* _____ ?

요금은 얼마입니까?
***C'est combien**, le tarif ?*
쎄 꽁비엥 르 따리프

이렇게도 바꿔보세요!

- 그것 *cela* 쓸라
- 이것 *ceci* 쓰씨
- 이것 전부 *tout cela* 뚜 쓸라
- 예약금(보증금) *la caution* 라 꼬씨옹
- 한 병 *une bouteille* 윈 부떼이
- 저 옷들 *ces vêtements-là* 쎄 베뜨망 라
- 초과 요금 *le supplément* 르 쒸쁠레망
- 입장료 *l'entrée* 랑트레

9. ~에 어떻게 갑니까? *Comment puis-je aller* _____ ?

거기에 어떻게 갑니까?
Comment puis-je aller là-bas ?
꼬망 쀠 쥬 알레 라 바

▶ 이렇게도 바꿔보세요!

- 호텔에 *à l'hôtel* 아 로뗄
- 항구에 *au port* 오 뽀르
- 시내에 *au centre-ville* 오 쌍트르 빌

10. ~ 있습니까? *Vous avez/Avez-vous* _____ ?

커피 있습니까?
Vous avez du café ?
부 자베 뒤 까페

▶ 이렇게도 바꿔보세요!

- 건전지 *une pile* 윈 삘
- 다른 디자인 *un autre style* 앵 오트르 스띨
- 담요 *une couverture* 윈 꾸베르뛰르
- 맥주 *de la bière* 들 라 비에르
- 복사기 *une photocopieuse* 윈 포또꼬삐외즈
- 베게 *un oreiller* 앵 오레이에
- 필름 *une pellicule* 윈 뻴리뀔
- 차 *du thé* 뒤 떼
- 쇼핑할 시간 *du temps pour faire du shopping*
  뒤 땅 뿌르 패르 뒤 쇼삥
- (한국어로 된) 안내책자 *une brochure (en coréen)*
  윈 브로쉬르 앙 꼬레엥

각종 서비스 시설 명칭 ✶✶ Divers Services

- 코인 락커 *consigne automatique* 꽁씨니으 오또마띠끄
- 물품 대여점 *A louer* 알 루에
- 자동 판매기 *distributeur automatique* 디쓰트리뷔뜨르 오또마띠끄
- 화장실 *toilettes* 뚜왈레뜨
- 스낵바 *Snack-bar / snack* 스낙 바르 / 스낙
- 로비 *hall* 알
- 프론트 *réception* 레쎕씨옹
- 프론트 데스크 *bureau d'accueil* 뷔로 다꿰이
- 엘리베이터 *ascenseur* 아쌍쐬르
- 에스컬레이터 *escalier roulant / Escalator*
  에스깔리에 룰랑 / 에스깔라또르
- 여행안내소 *office du tourisme / syndicat d'initiative*
  오피스 뒤 뚜리즘 / 쌩디까 디니씨아띠브
- 탈의실 *cabine d'essayage* 까빈 데쎄아쥬
- 렌터카 *location de voiture* 로까씨옹 드 부와뛰르
- 현금 자동 입출금기
  Guichet automatique de banque(GAB) /
  Distributeur automatique de billets (DAB)
  기셰 오또마띠끄 드 방끄 / 디쓰트리뷔뜨르 오또마띠끄 드 비예

숫자 ✶✶ Chiffres

- 1 *un* 앵
- 2 *deux* 되
- 3 *trois* 트루와
- 4 *quatre* 까트르
- 5 *cinq* 쌩끄
- 6 *six* 씨쓰
- 7 *sept* 쎄뜨
- 8 *huit* 위뜨
- 9 *neuf* 뇌프
- 10 *dix* 디쓰
- 11 *onze* 옹즈
- 12 *douze* 두즈
- 13 *treize* 트레즈
- 14 *quatorze* 까토르즈
- 15 *quinze* 깽즈

- 16 *seize* 쎄즈
- 17 *dix-sept* 디쎄뜨
- 18 *dix-huit* 디쥐뜨
- 19 *dix-heuf* 디즈뇌프
- 20 *vingt* 뱅
- 30 *trente* 트랑뜨
- 40 *quarante* 까랑뜨
- 50 *cinquante* 쌩깡뜨
- 60 *soixante* 쑤와쌍뜨
- 70 *soixante-dix* 쑤와쌍뜨 디쓰
- 80 *quatre-vingts* 까트르 뱅
- 90 *quatre-vingt-dix* 까트르 뱅 디쓰
- 100 *cent* 쌍
- 1,000 *mille* 밀

숫자 읽기 ✶✶ Comment lire les chiffres ?

금액   *3 euros, 24 cents*   트루와 죄로 뱅까트르 쌍

전화번호   *01 40 78 55 26*   제로 앵 까랑뜨 쑤와쌍뜨 디쥐뜨 쌩깡뜨 쌩끄 뱅씨쓰

시간   *13h 30*   트레 죄르 트랑뜨

날짜   *le 15 avril 2003*   르 깽즈 아브릴 되 밀 트루와

비행기번호   *vol numéro 302*   볼 뉘메로 트루와쌍 되

방 번호   *Chambre 203*   샹브르 되쌍 트루와

표지판 ** Panneaux

- 비상구 *Sortie de secours* 쏘르띠 드 쓰꾸르
- 안내소 *Information / Renseignements* 앵포르마씨옹 / 랑쎈뉴망
- 개조심 *Chien méchant* 쉬엠 메샹
- 출구 *Sortie* 쏘르띠
- 입구 *Entrée* 앙트레
- 위험 *Danger* 당제
- 수리중 *Hors service* 오르 쎄르비쓰
- 출입금지 *Défense d'entrer / Accés interdit*
  데팡쓰 당트레/악쎄 앵떼르디
- 멈춤 *Stop* 스똡
- 매진 *Complet* 꽁쁠레
- 당기시오 *Tirez* 띠레
- 미시오 *Poussez* 뿌쎄
- 비었음 *Libre* 리브르
- 사용중 *Occupé* 오뀌뻬
- 예약 *Réservé* 레제르베
- 금연 *Défense de fumer* 데팡쓰 드 퓌메
- 버튼을 누르세요 *Appuyez / Sonnez* 아쀠예 / 쏘네
- 관계자외 출입금지 *Réservé aux personnels*
  레제르베 오 뻬르쏘넬
- 주차 금지 *Défense de stationner* 데팡쓰 드 스따씨요네
- 일방통행 *Sens unique* 쌍스 위니끄

 ★★ Saison

- 봄 *printemps* 프랭땅
- 여름 *été* 에떼
- 가을 *automne* 오똔
- 겨울 *hiver* 이베르

 ★★ Mois

- 1월 *janvier* 장비에
- 2월 *février* 페브리에
- 3월 *mars* 마르쓰
- 4월 *avril* 아브릴
- 5월 *mai* 매
- 6월 *juin* 쥐엥
- 7월 *juillet* 쥐이예
- 8월 *août* 우(뜨)
- 9월 *septembre* 쎕땅브르
- 10월 *octobre* 옥또브르
- 11월 *novembre* 노방브르
- 12월 *décembre* 데쌍브르

 ★★ Direction

- 여기 *ici* 이씨
- 저기 *là* 라
- 저쪽 *par-la* 빠르 라
- 동쪽 *est* 에스뜨
- 서쪽 *ouest* 우에스뜨
- 남쪽 *sud* 쒸드
- 북쪽 *nord* 노르
- 왼쪽 *gauche* 고슈
- 오른쪽 *droite* 드루와뜨
- 길을 따라 *le long de la rue* 르 롱 들 라 뤼
- 곧장 *droit* 드루와
- 돌다 *tourner* 뚜르네

기본표현

기본표현

① 인사

- 안녕하세요.(아침, 오후)
  Bonjour!
  봉쥬르

- 안녕하세요.(저녁)
  Bonsoir!
  봉쑤와르

- 안녕하세요?
  Comment allez-vous ?
  꼬망 딸레 부

- 잘 지냅니다. 고마워요.
  Très bien, merci.
  트레 비엥 메르씨

- 안녕히 주무세요.
  Bonne nuit!
  본 뉘이

- 잘 지내요?(아는 사이에) / 잘 지내요.
  Ça va ? / Ça va.
  싸 바 / 싸 바

- 안녕히 계세요.
  Au revoir!
  오 르부와르

② 소개

- 처음 뵙겠습니다.
  Enchanté(e).
  앙샹떼

- 만나서 반갑습니다.
  Je suis heureux(se) de vous rencontrer.
  쥬 쒸 죄뢰(즈) 드 부 랑꽁트레

- 제 소개를 해도 될까요?
  Puis-je me présenter ? / Permettez-moi de me présenter.
  쀠쥬 므 프레장떼 / 뻬르메떼 무와 드 므 프레장떼

- 이름을 여쭈어봐도 될까요?
  Quel est votre nom ? / Comment vous appelez-vous ?
  껠 에 보트르 농 / 꼬망 부 자쁠레 부

- 제 이름은 ~입니다.
  Je m'appelle ~ .
  쥬 마뻴

- 저는 한국의 서울에서 왔습니다.
  Je viens de Séoul en Corée du Sud.
  쥬 비엥 드 쎄울 앙 꼬레 뒤 쒸드

- 이 분은 ~입니다.
  C'est Monsieur / Mademoiselle, Madame ~ .
  쎄 므씨유 / 마드무아젤, 마담

기본표현

❸ 감사와 대답

- 감사합니다. - 천만에요.
  Merci. – Je vous en prie.
  메르씨 - 쥬 부 장 프리

- 정말 감사합니다.
  Merci beaucoup! / Merci mille fois!
  메르씨 보꾸 / 메르씨 밀 푸와

- 친절에 감사드립니다.
  Merci de votre gentillesse.
  메르씨 드 보트르 장띠예쓰

- 도와주셔서 감사합니다.
  Merci de m'avoir aidé.
  메르씨 드 마부와르 애데

- 여러 가지로 감사드립니다.
  Merci pour tout!
  메르씨 뿌르 뚜

- 천만에요.
  Je vous en prie. / De rien.
  쥬 부 장 프리 / 드 리엥

- 고맙습니다.
  Je vous remercie.
  쥬 부 르메르씨

❹ 사과와 대답

- 죄송합니다.
  Excusez-moi. / Je suis désolé(e).
  엑스뀌제 무와 / 쥬 쒸 데졸레

- 괜찮습니다.
  Je vous en prie. / Ce n'est rien.
  쥬 브 장 프리 / 쓰 네 리엥

- 불편을 끼쳐 드려서 죄송합니다.
  Excusez-moi de vous déranger.
  엑스뀌제 무와 드 부 데랑제

- 실례합니다.
  Excusez-moi.
  엑스뀌제 무와

- 제 잘못입니다.
  C'est ma faute.
  쎄 마 포뜨

- 제 사과를 받아주세요.
  Je vous prie de m'excuser.
  쥬 부 프리 드 멕스뀌제

- 늦어서 죄송합니다.
  Excusez-moi d'être en retard.
  엑스뀌제 무와 데트르 앙 르따르

기본 표현

❺ 부탁

- 티켓 두 장 주세요.
  Donnez-moi deux billets, s'il vous plaît.
  도네 무와 되 비예 씰 부 쁠래

- 부탁 하나 드려도 될까요?
  Puis-je vous demander un service ?
  쀠쥬 드망데 앵 쎄르비쓰

- 물론이죠.
  Bien sûr.
  비엥 쒸르

- 죄송하지만, 여기서 담배피워도 될까요?
  Excusez-moi, est-ce que je peux fumer ici ?
  엑스뀌제 무와 에스 끄 쥬 쁘 퓌메 이씨

- 좀 도와주세요.
  Pouvez-vous m'aider, s'il vous plaît ?
  뿌베 부 매데 씰 부 쁠래

- 들어가도 될까요?
  Puis-je entrer ?
  쀠쥬 앙트레

- 도와주시겠어요?
  Pouvez-vous m'aider ?
  뿌베 부 매데

⑥ 다시 물어보기

- 뭐라구요?
  Pardon ? / Excusez-moi ?
  빠르동 / 엑스뀌제 무와

- 뭐라고 하셨지요?
  Vous disiez ?
  부 디지에

- 다시 말씀해 주실 수 있으세요?
  Pouvez-vous répéter ?
  뿌베 부 레뻬떼

- 그게 무슨 뜻이지요?
  Qu'est-ce que ça veut dire ?
  께스 끄 싸 브 디르

- 좀 천천히 말씀해 주십시오.
  Parlez plus lentement, s'il vous plaît.
  빠를레 쁠뤼 랑뜨망 씰 부 쁠래

- 뭐라고 하셨습니까?
  Qu'est-ce que vous avez dit ?
  께스 끄 부 자베 디

- 알겠습니까?
  Vous comprenez ?
  부 꽁프르네

기본표현

33

❼ 대답

- 예. / 아니오.
  Oui. / Non.
  위 / 농

- 알겠습니다.
  Je vois. / J'ai compris.
  쥬 부와 / 줴 꽁프리

- 저도 그렇게 생각합니다.
  Je suis d'accord.
  쥬 쒸 다꼬르

- 맞아요.
  C'est vrai.
  쎄 브래

- 물론입니다.
  Bien sûr.
  비엥 쒸르

- 좋은 생각이군요.
  C'est une bonne idée.
  쎄 뛴 본 이데

- 잠깐 생각해 보겠습니다.
  Je vais réfléchir.
  쥬 배 레플레쉬르

출국 준비

1. 항공권 전화 예약
2. 항공권 직접 구입
3. 항공권 재확인
4. 항공권 취소 및 변경

❶ 항공권 전화 예약

비행기 예약을 하려고 합니다.
Je voudrais réserver un vol.
쥬 부드래 레제르베 앵 볼

 유용한 표현

- 에어 프랑스입니다. 무얼 도와드릴까요?
  Air France, bonjour. Puis-je vous aider ?
  애르 프랑스 봉쥬르 쀠쥬 부 재데

- 파리행 비행기 예약을 부탁합니다.
  Je voudrais faire une réservation pour un vol à destination de Paris.
  쥬 부드래 패르 윈 레제르바씨옹 뿌르 앵 볼 아 데스띠나씨옹 드 빠리

- 내일 마르세이유행 비행기 있나요?
  Est-ce qu'il y a un vol à destination de Marseille demain ?
  에스 낄 리 아 앵 볼 아 데스띠나씨옹 드 마르쎄이 드맹

- 언제 떠나실 건가요?
  Quand est-ce que vous allez partir ?
  깡 떼스 끄 부 잘레 빠르띠르

- 공항에 몇 시까지 가야 합니까?
  A quelle heure dois-je arriver à l'aéroport ?
  아 껠르르 두아 쥬 아리베 알 라에로뽀르

- 이번 금요일입니다. 금요일 오후 비행기가 있습니까?

  C'est le vendredi qui vient. Y a-t-il un vol vendredi après-midi ?

  쎄 르 방드르디 끼 비엥 이 아 띨 앵 볼 방드르디 아프레미디

- 좌석 남은 것 있나요?

  Y a-t-il une place disponible ?

  이 아 띨 윈 쁠라쓰 디스뽀니블

- 그걸로 하겠습니다.

  Je prends cela.

  쥬 프랑 쓸라

- 공항에서는 비행기 출발 한 시간 전에 체크인하기 바랍니다.

  Présentez-vous à l'enregistrement une heure avant le départ de l'avion, s'il vous plaît.

  프레장떼 부 알 랑르지스트르망 윈 외르 아방 르 데빠르 드 라비옹 씰 부 쁠래

출국 준비

 어 휘

예약하다	réserver	레제르베
~행	à destination de	아 데쓰띠나씨옹 드~
떠나다	partir	빠르띠르
공항	aéroport	아에로뽀르
비행기	avion	아비옹

37

직원	언제 출발하십니까?
	Quand est-ce que vous voulez partir ?
	깡 떼스 끄 부 불레 빠르띠르
여행자	7월 20일이요.
	Le 20 juillet.
	르 뱅 쥐이예

직원	성함을 알려주시겠습니까?
	Pouvez-vous m'indiquer votre nom, s'il vous plaît ?
	뿌베 부 맹디께 보트르 농 씰 부 쁠래
여행자	김준호입니다.
	Jun-ho Kim.
	준호 킴

세계 주요 항공사 코드

- 한국

KE	대한항공	Korean Air
OZ	아시아나 항공	Asiana Airlines

- 미국

AA	아메리칸 항공	American Airlines
CO	컨티넨탈 항공	Continental Airlines
DL	델타 항공	Delta Airlines
NW	노스웨스트 항공	Northwest Airlines
UA	유나이티드 항공	United Airlines

- 영국

BA	영국 항공	British Airways
VS	버진 아틀란틱 항공	Virgin Atlantic Airways

- 프랑스

AF	에어 프랑스	Air France
UT	UTA 프랑스 항공	UTA French Airlines

- 일본 / 중국

JD	일본 에어 시스템	Japan Air Systems	일본
JL	일본 항공	Japan Airlines	일본
NH	전일본공수	All Nippon Airways	일본
CA	중국 국제항공	Air China	중국

- 기타

NZ	뉴질랜드 항공	Air New Zealand	뉴질랜드
MH	말레이지아 항공	Malaysian Airlines	말레이지아
SQ	싱가폴 항공	Singapore Airlines	싱가폴
QF	콴타스 항공	Qantas Airways	오스트레일리아
CP	카나디언 항공	Canadian Airlines International	캐나다
TG	타이 국제항공	Thai Airways International	태국
PR	필리핀 항공	Philippine Airlines	필리핀
CX	캐세이 퍼시픽 항공	Cathey Pacific Airways	홍콩

출국 준비

❷ 항공권 직접 구입

7월 20일 리용행 비행기표를 부탁합니다.
Un billet pour Lyon le 20 juillet, s'il vous plaît. 앵 비예 뿌르 리용 르 뱅 쥐이예 씰 부 쁠래

유용한 표현

- 직행편으로 부탁합니다.
  Un vol direct, s'il vous plaît.
  앵 볼 디렉 씰 부 쁠래

- 2등석으로 두 장 주세요.
  Deux billets en classe économique, s'il vous plaît.
  되 비예 앙 끌라쓰 에꼬노미끄 씰 부 쁠래

- 요금은 얼마인가요?
  Quel est le tarif ?
  껠 에 르 따리프

- 예약금은 얼마입니까?
  Combien d'arrhes faut-il verser ? / Je dois verser une avance de combien ?
  꽁비엥 다르 포 띨 베르쎄 / 쥬 두와 베르쎄 윈 아방쓰 드 꽁비엥

- 2장 구입할게요.
  Je voudrais acheter deux billets.
  쥬 부드래 아슈떼 되 비예

- 신용카드로 계산하겠습니다.

    Je voudrais régler par carte de crédit.
    쥬 부드래 레글레 빠르 까르뜨 드 크레디

- 티켓 여기 있습니다.

    Voici votre billet.
    부와씨 보트르 비예

- 언제 어디서 항공권을 받을 수 있나요?

    Quand et où puis-je aller retirer mon billet ?
    깡 에 우 쀠 쥬 알레 르띠레 몽 비예

- 무슨 항공 회사입니까?

    Quelle est la compagnie aérienne ?
    껠 에 라 꽁빠니 아에리엔

깜짝센스

호칭

- **Madame** 마담 : 결혼한 여성에게 사용
- **Mademoiselle** 마드무와젤 : 나이와 관계없이 결혼하지 않은 여성에게 사용
- **Monsieur** 므씨유 : 남성에게 사용

어휘

직행편	vol direct	볼 디렉
예약금	arrhes/avance	아르/아방쓰
항공권	billet d'avion	비예 다비옹

실용회화 Dialogue

여행자 4장 구입하겠습니다.
Je voudrais acheter quatre billets d'avion.
쥬 부드래 아슈떼 꺄트르 비예 다비옹

직원 4장에 4,000유로입니다.
Ce sera quatre mille euros pour les quatre.
쓰 쓰라 꺄트르 밀 외로 뿌르 레 꺄트르

여행자 저녁에 출발하는 비행기가 있나요?
Il y a un vol qui part le soir ?
일 리 아 앵 볼 끼 빠르 르 쑤와르

직원 예, 있습니다.
Oui, il y en a.
위 일 리 안 아

항공회사

서울-파리를 직항하는 항공편으로는 에어 프랑스와 대한항공이 있다. 에어 프랑스는 현재 주 3회(월·수·금요일 12시 서울 발), 대한항공은 주 5회(월·수·금·토·일요일 13시 20분 서울 발) 운항하고 있다. 파리에는 샤를 드골과 오를리 공항이 있는데, 서울을 출발하는 비행기는 모두 샤를 드골 공항에 도착하게 되지만 에어 프랑스와 대한항공은 서로 이용하는 터미널이 다르다.

샤를 드골 공항

이 공항에는 CDG1과 CDG2의 두 주요 터미널이 있다. T9는 전세기 전용 터미널이다. 에어 프랑스 공항버스는 포르트 마이요와 샤를 드골 광장까지 운행하며, 시간은 40분 정도 걸린다. 또한 에어 프랑스 버스는 매시간 몽파르나스의 TGV역까지 운행한다.

RATP 버스는 15분 내지 20분 간격으로 출발한다. 350번 버스는 북역과 동역으로 운행하며 351번 버스는 나시옹 광장으로 운행한다. 공항에 있는 자동차 임대 회사에는 아비, 버짓, 센츄리, 사이터, 유로달러, 유로카, 유로렌츠, 허츠, 공항 리무진 등이 있다.

시내까지 가는 안전하면서도 싼 방법은 전철을 이용하는 것이다. 셔틀버스로 터미널과 연결되는 루와시 선(RER B)은 15분마다 출발하며, 북역과 샤틀레까지 35분 내에 도착한다.

❸ 항공권 재확인

다시 한 번 확인해 주세요.
Confirmez-le à nouveau, s'il vous plaît.
꽁피르메 르 아 누보 씰 부 쁠래

🖐 유용한 표현

- 여보세요, 에어 프랑스입니까?
  Allô, c'est Air France ?
  알로 쎄 애르 프랑스

- 성함과 비행기 번호를 알려주십시오.
  Indiquez-moi votre nom et le numéro de vol, s'il vous plaît.
  앵디께 무와 보트르 농 에 르 뉘메로 드 볼 씰 부 쁠래

- 제 이름은 김인수이고, 비행기 번호는 마르세이유행 208편입니다.
  Je m'appelle Kim In-soo et le numéro de vol est 208 à destination de Marseille.
  쥬 마뻴 김 인수 에 르 뉘메로 드 볼 에 되 쌍 위뜨 아 데스띠나씨옹 드 마르쎄이

- 몇 편 비행기입니까?
  Quel est le numéro de vol ?
  껠 에 르 뉘메로 드 볼

- 출발일은 무슨 요일입니까?

  Quel est le jour de votre départ ?
  껠 에 르 쥬르 드 보트르 데빠르

- 예약이 확인되었습니다.

  Votre réservation est confirmée.
  보트르 레제르바씨옹 에 꽁피르메

- 몇 시에 체크인해야 합니까?

  A quelle heure dois-je me présenter à l'enregistrement ?
  아 껠 뢰르 두와 쥬 므 프레장떼 알 랑르지스트르망

- 예약 재확인을 하고 싶습니다.

  Je voudrais reconfirmer ma réservation.
  쥬 부드래 르꽁피르메 마 레제르바씨옹

출국 준비

 어 휘

· 확인하다	confirmer	꽁피르메
· 재확인하다	reconfirmer	르꽁피르메
· 출발	départ	데빠르
· 비행기 번호	numéro de vol	뉘 메로 드 볼
· 체크인하다	enregistrer	앙르지스트레

직원	언제 출발하시는지 말씀해 주십시오. **Dites-moi le jour de votre départ, s'il vous plaît.** 디뜨 무와 르 쥬르 드 보트르 데빠르 씰 부 쁠래
여행자	이번 주 금요일입니다. **Ce vendredi.** 쓰 방드르디

여행자	제 이름이 리스트에 있습니까? **Est-ce que mon nom est sur la liste des passagers ?** 에쓰 끄 몽 농 에 쒸르 라 리스뜨 데 빠싸제
직원	죄송하지만 이름을 찾을 수 없습니다. **Je suis désolé(e), je ne trouve pas votre nom.** 쥬 쒸 데졸레 쥬 느 트루브 빠 보트르 농

여행자	몇 시에 체크인해야 하나요? **A quelle heure dois-je enregistrer ?** 아 껠 뢰르 두와 쥬 앙르지스트레
직원	적어도 한 시간 전엔 체크인하십시오. **Présentez-vous à l'enregistrement au moins une heure avant le départ.** 프레장떼 부 알 랑르지스트르망 오 무앵 윈 외르 아방 르 데빠르

항공권 관련어

- 항공사   compagnie aérienne 꽁빠니 아에리엔
- 여행사   agence de voyage 아쟝스 드 부와야쥬
- 비행기 편명   numéro de vol 뉘메로 드 볼
- 수속   enregistrement 앙르지스트르망
- 스케줄   horaires 오래르

- 예약   réservation 레제르바씨옹
- 운임   tarif 따리프
- 항공권   billet d'avion 비예 다비옹
- 편도 항공권   aller simple 알레 쌩쁠

- 왕복 항공권   aller et retour 알레 에 르뚜르
- 1등석   en première classe 앙 프르미에르 끌라쓰
- 2등석   en classe économique 앙 끌라스 에꼬노미끄

출국 준비

④ 항공권 취소 및 변경

예약을 취소/변경해 주십시오.
Je voudrais annuler/modifier mon vol.
쥬 부드래 아뉠레/모디피에 몽 볼

 유용한 표현

- 에어 프랑스입니다. 무엇을 도와 드릴까요?
  Air France, bonjour. Puis-je vous aider ?
  애르 프랑스 봉쥬르 쀠쥬 부 재데

- 오후 비행기로 바꾸고 싶은데요.
  Je voudrais changer le vol pour partir l'après-midi.
  쥬 부드래 샹제 르 볼 뿌르 빠르띠르 라프레미디

- 다음 비행편 좌석을 구할 수 있을까요?
  Je peux avoir une place sur le vol suivant ?
  쥬 쁘 아부와르 윈 쁠라쓰 쒸르 르 볼 쒸방

- 가능한 한 빨리 출발하고 싶습니다.
  Je voudrais partir le plus tôt possible.
  쥬 부드래 빠르띠르 르 쁠뤼 또 뽀씨블

- 하루 늦게 출발하고 싶습니다.
  Je voudrais retarder mon départ d'un jour.
  쥬 부드래 르따르데 몽 데빠르 댕 쥬르

비행기 타기

1. 탑승 안내
2. 좌석 찾기
3. 기내 서비스
4. 기내 쇼핑
5. 기내 서비스 요청
6. 입국 신고서 작성
7. 환승

❶ 탑승 안내

20번 게이트는 어디입니까?
Où est la porte 20 ?
우 에 라 뽀르뜨 뱅

 유용한 표현

- 탑승 수속은 어디서 합니까?

    Où se fait l'enregistrement ?
    우 쓰 패 랑르지스트르망

- 에어 프랑스 카운터가 어디에요?

    Où est le comptoir d'Air France ?
    우 에 르 꽁뚜와르 대르 프랑스

- 몇 번 게이트로 가야 합니까?

    Je dois aller à quelle porte ?
    쥬 두와 알레 아 꼘 뽀르뜨

- 탑승시간은 몇 시입니까?

    A quelle heure se fait l'embarquement ?
    아 꼘 뢰르 쓰 패 랑바르끄망

- 면세점은 어디에 있나요?

    Où se trouvent les boutiques hors taxes ?
    우 쓰 트루브 레 부띠끄 오르 딱쓰

- 비행기가 왜 연착됩니까?

  Pourquoi l'avion a-t-il du retard ?
  뿌르꾸와 라비옹 아 띨 뒤 르따르

- 얼마나 지연됩니까?

  Il est en retard de combien de temps ?
  일 에 땅 르따르 드 꽁비엥 드 땅

- 탑승권을 보여주세요.

  Votre carte d'embarquement, s'il vous plaît.
  보트르 까르뜨 덩바르끄망 씰 부 쁠래

- 추가요금은 얼마인가요?

  Combien dois-je payer comme supplément ?
  꽁비엥 두와 쥬 뻬이에 꼼므 쒸쁠레망

- 이곳에 언제 다시 와야 하나요?

  Quand est-ce que je dois revenir ici ?
  깡 떼쓰 끄 쥬 두와 르브니르 이씨

비행기타기

 어 휘

· 항공사 카운터	comptoir	꽁뚜와르
· 면세점	boutique hors taxes	부띠끄 오르 딱쓰
· 지연되다	être en retard	에트르 앙 르따르
· 추가요금	supplément	쒸쁠레망

여행자	언제 출발합니까? **Quand est-ce qu'on va partir ?** 깡 떼스 꽁 바 빠르띠르
카운터	지금부터 약 15분 후에 출발합니다. **L'avion va partir dans 15 minutes.** 라비옹 바 빠르띠르 당 깽즈 미뉘뜨
카운터	짐이 있습니까? **Vous avez des bagages ?** 부 자베 데 바가쥬
여행자	짐은 전부 2개입니다. **J'en ai deux.** 쟌 애 되
카운터	비행기표를 보여주시겠습니까? **Votre billet d'avion, s'il vous plaît ?** 보트르 비예 다비옹 씰 부 쁠래
여행자	여기 있습니다. **Tenez!** 뜨네

탑승 관련어

- 공항　　　　　aéroport 아에로뽀르
- 국내선　　　　lignes domestiques 리니으 도메스띠끄
- 국제선　　　　lignes internationales 리니으 앵떼르나씨요날
- 국제공항　　　aéroport international 아에로뽀르 앵떼르나씨요날

- 대합실　　　　salle d'attente 쌀 다땅뜨
- 안내소　　　　informations 앵포르마씨옹
- 항공사카운터　comptoir 꽁뚜와르
- 여권검사　　　contrôle des passeports 꽁트롤르 데 빠쓰뽀르

- 기내반입 수하물　bagage cabine 바가쥬 꺄빈
- 분실물 취급소　　Objets trouvés 오브제 투르베
- 수하물　　　　　bagage 바가쥬

- 공항세　　　　taxes d'aéroport 딱스 다에로뽀르
- 출발지　　　　ville de départ 빌 드 데빠르
- 도착지　　　　ville d'arrivée 빌 다리베
- 발착 일람표　　horaires des vols au départ et à l'arrivée
　　　　　　　　오래르 데 볼 오 데빠르 에 아 라리베

- 세관검사　　　　douane 두안
- 예방주사 증명서　certificat de vaccination 쎄르띠피까 드 박씨나씨옹
- 인환증　　　　　étiquette bagage 에띠께뜨 바가쥬

- 입국관리　　　immigration 이미그라씨옹
- 입국카드　　　carte de débarquement 까르뜨 드 데바르끄망
- 좌석번호　　　numéro de place 뉘메로 드 쁠라쓰
- 탑승카드　　　carte d'embarquement 까르뜨 당바르끄망
- 탑승구　　　　porte 뽀르뜨
- 탑승　　　　　embarquement 앙바르끄망

비행기타기

❷ 좌석 찾기

제 자리는 어디입니까?
Où est ma place ?
우 에 마 쁠라쓰

유용한 표현

- C 24번 좌석은 어디입니까?
  Où est la place C24 ?
  우 에 라 쁠라쓰 쎄 뱅 꺄트르

- 창가측 좌석이 제 자리입니다.
  La place prés de la fenêtre est la mienne.
  라 쁠라쓰 프레 들 라 프네트르 에 라 미엔

- 제 자리인 것 같은데요.
  Excusez-moi, c'est ma place.
  엑스뀌제 무아 쎄 마 쁠라쓰

- 통로측/창가측 좌석을 원합니다.
  Je voudrais une place près du couloir/de la fenêtre.
  쥬 부드래 윈 쁠라쓰 프레 뒤 꿀루와르/들 라 프네트르

- 여기에 앉아도 됩니까?
  Je peux m'asseoir là ?
  쥬 쁘 마쑤와르 라

- 지나가도 될까요?

    Je peux passer ?
    쥬 쁘 빠쎄

- 좌석을 바꿔 주시겠어요?

    Pouvez-vous me faire changer de place ?
    뿌베 부 므 패르 샹제 드 쁠라쓰

- 안전벨트 매는 방법을 알려주세요.

    Indiquez-moi comment attacher les ceintures de sécurité.
    앵디께 무와 꼬망 아따셰 레 쎙뛰르 드 쎄뀌리떼

- 이것은 어디에 놓을까요?

    Où dois-je mettre cela ?
    우 두와 쥬 메트르 쓸라

- 이것을 좀 보관해 주시겠어요?

    Pouvez-vous me garder cela, s'il vous plaît ?
    뿌베 부 므 갸르데 쓸라 씰 부 쁠래

비행기타기

 어 휘

· 창	fenêtre	프네트르
· 복도	couloir	꿀루와르
· 흡연석	en zone fumeurs	앙 존 퓌메르
· 금연석	en zone non-fumeurs	앙 존 농퓌메르

55

승무원 이쪽으로 오세요. 손님 좌석은 오른쪽 복도측입니다.
Venez par ici. Votre place est à droite, côté couloir.
브네 빠르 이씨 보트르 쁠라쓰 에 따 드루와뜨 꼬떼 꿀루와르

승객 고맙습니다.
Merci.
메르씨

승무원 흡연석을 원하십니까, 금연석을 원하십니까?
Fumeurs ou non-fumeurs ?
퓌뫼르 우 농 퓌메르

승객 흡연석 창측 좌석으로 주십시오.
Une place près de la fenêtre, en zone fumeurs.
윈 쁠라쓰 프레 들 라 프네트르 앙 존 퓌뫼르

객실

porte-bagages
수하물 넣는 곳

numéro de place
좌석번호

liseuse
(머리 위) 독서등

ventilation
환기장치

signal Attachez votre ceinture
좌석벨트 착용 사인

accoudoir
팔걸이

dossier
등받이

cendrier
재떨이

couloir
통로

비행기타기

기내 관련어

- 구명동의   gilet de sauvetage   질레 드 쏘브따쥬
- 담요   couverture   꾸베르뛰르
- 멀미 봉투   sac pour mal de l'air   싹 뿌르 말 드 래르
- 베개   oreiller   오레이에
- 산소마스크   masque à oxygène   마스끄 아 옥씨젠

- 기내선반   porte-bagages   뽀르뜨 바가쥬
- 안전벨트   ceintures de sécurité   쌩뛰르 드 쎄뀌리떼
- 좌석   fauteuil / siège   포뙤이 / 씨에쥬
- 호출 버튼   bouton d'appel / sonnette   부똥 다 / 쏘네뜨
- 화장실   toilettes / W-C   뚜왈레뜨 / 두블르베쎄

- 기장   commandant de bord   꼬망당 드 보르
- 남승무원   steward   스뛰유워드
- 여승무원   hôtesse de l'air   오떼쓰 드 래르

프랑스의 특징

- 면적 : 547,030 평방 Km(한반도의 2.5배)
- 인구 : 58,905,000명
- 수도 : 파리(Paris)
- 인종 : 튜튼족, 슬라브족, 바스크족
- 종교 : 천주교 80%, 기독교 2%, 유태교 2%, 회교 4%
- 시차 : 한국보다 8시간이 늦다. 썸머타임때는 7시간 늦다.
- 언어 : 프랑스어

프랑스 공휴일

1월 1일 (수)	Jour de l'an	새해
4월 20일~21일	Pâques	부활절
5월 1일(목)	Fête du Travail	노동절
5월 8일(목)	Victoire	종전 기념일
5월 29일(목)	Ascension	예수 승천일
6월 8일 ~9일(월)	Pentecôte	성신강림 대축일
7월 14일(월)	Fête Nationale	프랑스 혁명 기념일
8월 15일(금)	Assomption	성모승천일
11월 1일(토)	Toussaint	만성절
11월 11일(화)	Armistice	1918 휴전 기념일
12월 25(목)	Noël	성탄절

③ 기내 서비스

커피 좀 주세요.
Du café, s'il vous plaît.
뒤 까페 씰 부 쁠래

 음료수 주문

- 음료수 좀 주세요.
  Est-ce que je pourrais boire quelque chose ?
  에쓰 끄 쥬 뿌래 부와르 껠끄 쇼즈

- 커피는 어떻게 드시겠어요?
  Comment le voulez-vous, votre café ?
  꼬망 르 불레 부 보트르 까페

- 설탕만 넣어 주세요.
  Avec juste un peu de sucre, s'il vous plaît.
  아베끄 쥐스뜨 앵 쁘 드 쒸크르 씰 부 쁠래

- 설탕과 크림 좀 가져다 주시겠어요?
  Pouvez-vous m'apporter un peu de lait et de sucre ?
  뿌베 부 마뽀르떼 앵 쁘 드 래 에 드 쒸크르

- 한 잔 더 주세요.
  Un autre verre, s'il vous plaît.
  앵 오트르 베르 씰 부 쁠래

 기내 식사

- 쇠고기 요리로 주세요.

    Je prendrai du bœuf.

    쥬 프랑드래 뒤 뵈프

- 좌석을 제 위치로 돌려주십시오.

    Redressez votre fauteuil, s'il vous plaît.

    르드레쎄 보트르 포뙤이 씰 부 쁠래

- 저녁식사는 무엇인가요?

    Qu'est-ce qu'on sert pour dîner ?

    께스 꽁 쎄르 뿌르 디네

- 저녁식사는 언제 나오나요?

    Quand est-ce qu'on sert le dîner ?

    깡 떼스 꽁 쎄르 르 디네

- 저녁식사를 나중에 해도 됩니까?

    Est-ce que je peux dîner plus tard ?

    에쓰 끄 쥬 쁘 디네 쁠뤼 따르

- 지금은 배가 고프지 않습니다.

    Je n'ai pas faim pour l'instant.

    쥬 내 빠 팽 뿌르 랭스땅

- 식사는 필요 없습니다.

    Je n'ai pas besoin de plateau-repas.

    쥬 내 빠 브주앵 드 쁠라또 르빠

승무원 커피로 드시겠습니까, 홍차로 드시겠습니까?
Vous voulez du café ou du thé ?
부 불레 뒤 까페 우 뒤 떼

승객 홍차로 주세요.
Du thé, s'il vous plaît.
뒤 떼 씰 부 쁠래

승객 어떤 음료수가 있나요?
Qu'est-ce que vous avez comme boissons ?
께스끄 부 자베 꼼므 부와쏭

승무원 커피, 홍차, 오렌지 쥬스가 있습니다.
Nous avons du café, du thé et du jus d'orange.
누 자봉 뒤 까페 뒤 떼 에 뒤 쥐 도랑쥬

승무원	쇠고기와 생선요리 어느 것으로 하시겠습니까? **Vous prenez lequel entre du bœuf et du poisson ?** 부 프르네 르껠 앙트르 뒤 뵈프 에 뒤 뿌와쏭
승객	생선요리로 주세요. **Du poisson, s'il vous plaît.** 뒤 뿌와쏭 씰 부 쁠래

승객	저녁식사는 무엇인가요? **Qu'est-ce qu'on sert pour dîner ?** 께스 꽁 쎄르 뿌르 디네
승무원	오믈렛과 닭고기입니다. **De l'omelette et du poulet.** 드 로믈레뜨 에 뒤 뿔레

승무원	식사는 끝나셨습니까? **Vous avez terminé ?** 부 자베 떼르미네
승객	네, 잘 먹었어요. 고마워요. **Oui, j'ai bien mangé. Merci.** 위 줴 비엥 망졔 메르씨

비행기타기

❹ 기내 쇼핑

향수 좀 보여주십시오.
Montrez-moi les parfums, s'il vous plaît.
몽트레 무와 레 빠르펭 씰 부 쁠래

 유용한 표현

- 면세품을 살 수 있나요?

    On peut acheter les articles hors taxes ?
    옹 쁘 아슈떼 레 작띠끌 오르 딱쓰

- 다른 종류도 있나요?

    Vous en avez d'autres ?
    부 잔 아베 도트르

- 얼마나 할인됩니까?

    Quel est le pourcentage de réduction ?
    껠 에 르 뿌르쌍따쥬 드 레뒥씨옹

- 제일 인기 있는 제품은 뭡니까?

    Quel est le produit le plus demandé ?
    껠 에 르 프로뒤 르 쁠뤼 드망데

- 더 싼 것은 없나요?

    Vous n'en avez pas de meilleur marché ?
    부 난 아베 빠 드 메이외르 마르셰

- 이것으로 할게요.

  Je prends celui-ci.

  쥬 프랑 쓸뤼씨

- 비자카드/여행자수표로 계산할 수 있나요?

  Vous acceptez la carte bancaire/des chèques de voyages ?

  부 작쎕떼 라 까르뜨 방께르/데 셰끄 드 부아야쥬

- 현금이나 신용카드 모두 됩니다.

  Vous pouvez payer en espèce ou par carte de crédit.

  부 뿌베 뻬이에 앙 에스뻬쓰 우 빠르 까르뜨 드 크레디

- 한국 돈으로 내도 됩니까?

  Je peux payer en monnaie coréenne ?

  쥬 쁘 뻬이에 앙 모내 꼬레엔

깜짝센스

면세 범위

한국 관광객의 경우 담배 200개비, 시가 50개비, 와인 2리터, 향수 50그램, 커피 500그램까지 허용되는데, 17세 이하의 청소년은 담배와 주류를 반입할 수 없다.

승객	면세품을 팝니까? **Vous vendez des produits hors taxes ?** 부 방데 데 프로뒤 오르 딱쓰
승무원	네, 물론입니다. **Oui, bien sûr.** 위 비엥 쒸르
승객	말보로 라이트 있습니까? **Vous avez des Marlboro Light ?** 부 자베 데 말보로 라이트
승무원	예, 있습니다. 몇 개 드릴까요? **Oui, nous en avons. Combien de cartouches vous voulez ?** 위 누 잔 아봉 꽁비엥 드 까르뚜슈 부 불레
승객	한 보루 주세요. 얼마죠? **J'en veux une. C'est combien ?** 장 브 윈 쎄 꽁비엥
승무원	30유로입니다. **30 euros, s'il vous plaît.** 트랑뜨 외로 실 부 쁠래

기내식 관련어

• 음료수	boisson 부와쏭
• 커피	café 까페
• 홍차	thé 떼
• 녹차	thé vert 떼 베르
• 주스	jus 쥐

• 맥주	bière 비에르
• 위스키	whisky 위스키
• 백포도주	vin blanc 뱅 블랑
• 적포도주	vin rouge 뱅 루쥬

• 얼음	glaçon 글라쏭
• 디저트	dessert 데쎄르
• 유료	payant 뻬이앙
• 무료	gratuit 그라뛰
• 식사	repas 르빠

• 닭고기	poulet 뿔레
• 돼지고기	porc 뽀르
• 쇠고기	boeuf 뵈프

비행기타기

❺ 기내 서비스 요청

멀미가 납니다.
J'ai le mal de l'air.
줴 르 말 드 래르

 멀미

- 멀미봉투 좀 주시겠어요?

  Je peux avoir un sac pour le mal de l'air ?
  쥬 쁘 아부와르 앵 싹 뿌르 르 말 드 래르

- 소화제/아스피린 좀 주세요.

  Je voudrais quelque chose pour digérer/des aspirines.
  쥬 부드래 껠끄 쇼즈 뿌르 디제레/데 자스삐린

- 찬 물수건 좀 주시겠어요?

  Je peux avoir une serviette froide ?
  쥬 쁘 아부와르 윈 쎄르비에뜨 프루와드

- 물 한 컵 갖다 주세요.

  Donnez-moi un verre d'eau, s'il vous plaît.
  도네 무와 앵 베르 도 씰 부 쁠래

- 좀 춥군요. / 덥군요.

  J'ai un peu froid/chaud.
  줴 앵 쁘 프루와/쇼

기내 불편사항

- 의자를 젖혀도 될까요?

  Je peux incliner mon siège ?
  쥬 쁘 앵끌리네 몽 씨에쥬

- 저 사람들이 너무 시끄럽게 해서 잘 수 없어요.

  Je ne peux pas dormir, parce que ces personnes font trop de bruit.
  쥬 느 쁘 빠 도르미르 빠르쓰끄 쎄 뻬르쏜 퐁 트로 드 브뤼이

- 내 뒤에 있는 사람이 자꾸 발로 차네요.

  La personne derrière moi n'arrête pas de donner des coups de pied dans mon siège.
  라 뻬르쏜 데리에르 무와 나레뜨 빠 드 도네 데 꾸 드 삐에 당 몽 씨에쥬

- 애들이 장난이 심하군요.

  Les enfants courent partout.
  레 장팡 꾸르 빠르뚜

- 화장실이 막혔습니다.

  L'eau des toilettes ne coule pas.
  로 데 뚜왈레뜨 느 꿀르 빠

- 자리를 바꾸고 싶어요.

  Je voudrais changer de place.
  쥬 부드래 샹제 드 쁠라쓰

- 앞 의자가 너무 뒤쪽으로 젖혀져 있는데요.

  Excusez-moi, ce siège-là est trop incliné vers l'arrière. 엑쓰뀌제 무와 쓰 씨에쥬 라 에 트로 앵끌리네 베르 라리에르

기내 요구사항

- 한국어로 된 잡지가 있나요?

  Vous avez des revues en coréen ?
  부 자베 데 르뷔 앙 꼬레엥

- 베개와 담요를 주세요.

  Donnez-moi une couverture et un oreiller, s'il vous plaît.
  도네 무와 윈 꾸베르뛰르 에 앵 오레이에 씰 부 쁠래

- 무료입니까?

  C'est gratuit ?
  쎄 그라뛰

- 영화는 몇 번에서 합니까?

  Sur quelle chaîne les films passent-ils ?
  쒸르 껠 셴느 레 필므 빠쓰 띨

- 신문이나 잡지 보시겠습니까?

  Vous voulez des journaux ou des revues ?
  부 불레 데 쥬르노 우 데 르뷔

- 다른 잡지는 없나요?

  Vous n'en avez pas d'autres ?
  부 낭 아베 빠 도트르

- 모포 한 장 더 주시겠어요?

  Je peux avoir une autre couverture ?
  쥬 쁘 아부와르 윈 오트르 꾸베르뛰르

- 잡지를 보여주시겠어요?

 Je peux avoir des revues ?
 쥬 쁘 아부와르 데 르뷔

- 한국신문을 읽고 싶어요.

 Je voudrais des journaux en coréen.
 쥬 부드래 데 쥬르노 앙 꼬레엥

 어 휘

비행기 멀미	mal de l'air	말 드 래르
춥다	avoir froid	아부와르 푸르와
덥다	avoir chaud	아부와르 쇼
소음	bruit	브뤼이
(의자를) 젖히다	incliner	앵끌리네
잡지	revue	르뷔
신문	journal	쥬르날
베개	oreiller	오레이에
담요	couverture	꾸베르뛰르
노트북	ordinateur portable	오르디나뙤르 뽀르따블
시차	décalage horaire	데깔라쥬 오래르
~후에	dans	당
버튼	bouton/sonnette	부똥/쏘네트

비행기타기

승객	토할 것 같아요. 멀미 봉투 어디 있나요? **J'ai envie de vomir. Où est le sac pour le mal de l'air ?** 줴 앙비 드 보미르 우 에 르 싹 뿌르 르 말 드 래르
승무원	좌석 주머니 안에 있습니다. **Il se trouve dans la pochette arrière des sièges.** 일 쓰 트루브 당 라 뽀셰뜨 아리에르 데 씨에쥬

승객	찬 물수건 좀 주시겠어요? **Je peux avoir une serviette froide ?** 쥬 쁘 아부와르 윈 쎄르비에뜨 프루아드
승무원	잠깐만 기다리세요. **Attendez un instant, s'il vous plaît.** 아땅데 앵 앵쓰땅 씰 부 쁠래

승객	속이 안 좋은데 약 좀 주세요. **Je ne me sens pas bien. Je peux avoir quelque chose?** 쥬 느 므 쌍 빠 비엥 쥬 쁘 아부와르 껠끄 쇼즈
승무원	알겠습니다. **Oui, bien sûr.** 위 비엥 쒸르

승객	베개 하나 더 주시겠어요? **Il me faut encore un oreiller.** 일 므 포 앙꼬르 앵 오레이에
승무원	네, 잠시만 기다리세요. **D'accord. Un instant, s'il vous plaît.** 다꼬르 앵 앵스땅 씰 부 쁠래

승객	신문 좀 주시겠어요? **Je peux avoir un journal ?** 쥬 쁘 아부와르 앵 쥬르날
승무원	네, 여기 있습니다. **Oui, tenez.** 위 뜨네

승객	서울과 파리의 시차는 얼마입니까? **Quel est le décalage horaire entre Séoul et Paris ?** 껠 에 르 데깔라쥬 오래르 앙트르 쎄울 에 빠리
승무원	8시간입니다. **8 heures.** 위 뙤르

비행기타기

❻ 입국 신고서 작성

제 입국 신고서를 좀 봐주시겠어요?
Pouvez-vous vérifier ma carte de débarquement ? 뿌베 부 베리피에 마 까르뜨 드 데바르끄망

 유용한 표현

- 입국 신고서를 작성해 주십시오.
  Remplissez ce formulaire, s'il vous plaît.
  랑쁠리쎄 쓰 포르뮐래르 씰 부 쁠래

- 여기에 무엇을 써야 합니까?
  Qu'est-ce que je dois écrire là-dessus ?
  께스 끄 쥬 두와 에크리르 라 드쒸

- 이 양식을 쓰는 법을 가르쳐 주시겠어요?
  Indiquez-moi comment remplir ce formulaire, s'il vous plaît ?
  앵디께 무와 꼬망 랑쁠리르 쓰 포르뮐래르 씰 부 쁠래

- 입국 신고서 한 장 더 얻을 수 있을까요?
  Je peux avoir une autre carte de débarquement ?
  쥬 쁘 아부와르 윈 오트르 까르뜨 드 데바르끄망

- 입국 신고서는 어떻게 쓰는 건가요?
  Comment dois-je remplir ma carte de débarquement ?
  꼬망 두와 쥬 랑쁠리르 마 까르뜨 드 데바르끄망

입국카드/세관 신고서에 나오는 프랑스어

· 성	Nom
· 이름	Prénom
· 출생 연월일	Date de Naissance
· 출생지	Ville / Pays de Naissance
· 가족사항	Situation de famille
· 미혼	Célibataire
· 기혼	Marié/e
· 별거	Séparé/e
· 이혼	Divorcé/e
· 과부	Veuf / Veuve
· 직업	Profession
· 국적	Nationalité
· 여권	Passeport
· 번호	Numéro
· 만료일	Date de l'expiration
· 프랑스 입국	Arrivée en France
· 탑승지	Pays d'Origine du vol
· 목적지	Destination du vol
· 체류기간	Durée de votre séjour
· 방문 목적	Raison/s pour la visite
· 사업	Affaires
· 친지방문	Familiale
· 교육	Éducation
· 스포츠	Sport
· 상업	Commerce
· 관광	Tourisme
· 기타	Autre

❼ 환승

환승 카운터는 어디에 있나요?
Où est le guichet de transit ?
웨우 에 르 기셰 드 트랑지뜨

🖐 유용한 표현

- 제가 탈 비행기편은 어디서 확인할 수 있나요?
  Où est-ce que je peux vérifier mon vol de correspondance ?
  우 에쓰 끄 쥬 쁘 베리피에 몽 볼 드 꼬레스뽕당쓰

- 어디에서 갈아탑니까?
  Où dois-je prendre mon vol de correspondance ?
  우 두와 쥬 프랑드르 몽 볼 드 꼬레스뽕당쓰

- 이 비행기로 바꿔 타고 싶습니다.
  Je voudrais prendre ce vol de correspondance.
  쥬 부드래 프랑드르 쓰 볼 드 꼬레스뽕당쓰

- 여기에서 얼마동안 있어야 합니까?
  On s'arrête ici pour combien de temps ?
  옹 싸레뜨 이씨 뿌르 꽁비엥 드 땅

- 언제 탑승합니까?
  Quand se fait l'embarquement ?
  깡 쓰 패 랑바르끄망

- 이 공항에서 얼마나 기다려야 합니까?

    On attend combien de temps dans cet aéroport ?
    온 아땅 꽁비엥 드 땅 당 쎄 따에로뽀르

- 비행기를 놓쳤습니다.

    J'ai raté mon vol.
    줴 라떼 몽 볼

- 통과카드를 잃어버렸습니다.

    J'ai perdu ma carte de transit.
    줴 뻬르뒤 마 까르뜨 드 트랑지뜨

- 좌석 아래에 가방을 두어도 됩니까?

    Je peux mettre mon sac sous le siège ?
    쥬 쁘 메트르 몽 싹 쑬 르 씨에쥬

- 이 통과카드를 가지고 계세요.

    Gardez cette carte de transit avec vous, s'il vous plaît. 가르데 쎄뜨 까르뜨 드 트랑지뜨 아베끄 부 씰 부 쁠래

 어 휘

· 멈추다	s'arrêter	싸레떼
· 기다리다	attendre	아땅드르
· 놓치다	rater	라떼
· ~ 아래	sous	쑤

직원	갈아타실 비행기는 어떤 비행기입니까?
	Quel est votre vol de correspondance ?
	껠 에 보트르 볼 드 꼬레스뽕당쓰
여행자	에어 프랑스 207입니다.
	Air France numéro de vol 207.
	애르 프랑스 뉘메로 드 볼 되쌍 쎄뜨

여행자	제 짐은 어떻게 됩니까?
	Qu'est-ce que je dois faire avec mon bagage déjà enregistré ?
	께쓰 끄 쥬 두아 패르 아베끄 몽 바가쥬 데자 앙르지스트레
직원	그것은 자동으로 귀하의 연결편으로 이송됩니다.
	Il va être transféré directement sur votre vol suivant.
	일 바 에트르 트랑스페레 디렉뜨망 쒸르 보트르 볼 쒸방

여행자	이 공항에서 얼마나 기다려야 합니까?
	On s'arrête ici pour combien de temps ?
	옹 싸레뜨 이씨 뿌르 꽁비엥 드 땅
직원	약 1시간 정도입니다.
	Environ une heure.
	앙비롱 윈 외르

도착

1. 입국 심사
2. 세관 검사
3. 수하물 찾기
4. 환전
5. 호텔로 이동

❶ 입국 심사

입국 목적은 무엇입니까?
Quel est le but de votre voyage ?
껠 에 르 뷔 드 보트르 부와야쥬

 유용한 표현

- 관광/불어공부입니다.
  Faire du tourisme/étudier le français.
  패르 뒤 뚜리즘/에뛰디에 르 프랑쎄

- 직업은 무엇입니까?
  Quelle est votre profession ?
  껠 에 보트르 프로페씨옹

- 다음 여행지는 어디에요?
  Quelle est votre destination suivante ?
  껠 에 보트르 데스띠나씨옹 쒸방뜨

- 보딩패스를 보여주시겠어요?
  Votre carte d'embarquement, s'il vous plaît.
  보트르 끄르뜨 덩바르끄망 씰 부 쁠래

- 돈은 얼마를 갖고 있습니까?
  Combien d'argent avez-vous sur vous ?
  꽁비엥 다르쟝 아베 부 쒸르 부

- 돌아갈 티켓은 갖고 있습니까?

  Vous avez un billet retour ?
  부 자베 앵 비예 르뚜르

- 어디에서 머무르실 겁니까?

  Vous allez rester où ?
  부 잘레 레스떼 우

- 호텔은 예약하셨나요?

  Vous avez réservé une chambre d'hôtel ?
  부 자베 레제르베 윈 샹브르 도뗄

- 얼마나 머무르실 겁니까?

  Vous restez combien de temps ?
  부 레스떼 꽁비엥 드 땅

- 이 곳에 친척은 있습니까?

  Vous avez de la famille ici ?
  부 자베 들 라 파미 이씨

도착

 어휘

· 무역회사	société d'import-export	쏘씨에떼 댕뽀르 엑쓰뽀르
· 결혼한	marié(e)	마리에
· 미혼의	célibataire	쎌리바때르
· 직업	profession	프로페씨옹
· 머물다	rester	레스떼

입국 심사관	어디서 오셨습니까? **D'où êtes-vous ?** 두 에뜨 부
여행자	한국에서 왔습니다. **Je viens de Corée du Sud.** 쥬 비엥 드 꼬레 뒤 쒸드
입국 심사관	어떤 직종에 종사하시나요? **Qu'est-ce que vous faites dans la vie ?** 께쓰 끄 부 패뜨 당 라 비
여행자	무역회사에서 일하고 있습니다. **Je travaille dans une société d'import-export.** 쥬 트라바이 당 쥔 쏘씨에떼 댕뽀르 엑쓰뽀르
입국 심사관	결혼은 하셨습니까? **Vous êtes marié(e) ?** 부 제뜨 마리에
여행자	아니오, 미혼입니다. **Non, je suis célibataire.** 농 쥬 쒸 쎌리바때르

입국 관련어

- 관광   tourisme 뚜리즘
- 여행자   voyageur 부와야죄르
- 왕복표   aller et retour 알레 에 르뚜르
- 짐수레   chariot 샤리오

- 세관직원   douanier 두아니에
- 관세법   droit de douane 드루와 드 두안
- 면세품   produits détaxés 프로뒤 데딱쎄
- 반입 금지품   article prohibé 아르띠끌 프로이베

- 식물검사   inspection des plantes 앵스빽씨옹 데 쁠랑뜨
- 개인 소유물   effets personnels 에페 뻬르쏘넬
- 신변용품   affaires personnelles 아패르 뻬르쏘넬
- 신고하다   déclarer 데끌라레

도 착

❷ 세관 검사

디지털 카메라를 신고하려고 합니다.
Je voudrais déclarer une caméra numérique. 쥬 부드래 데끌라레 윈 꺄메라 뉘메리끄

유용한 표현

- 가방을 열어주시겠습니까?
  Ouvrez votre sac, s'il vous plaît.
  우브레 보트르 싹 씰 부 쁠래

- 짐을 보여주십시오.
  Montrez-moi vos bagages, s'il vous plaît ?
  몽트레 무와 보 바가쥬 씰 부 쁠래

- 신고할 물건이 하나도 없습니다.
  Je n'ai rien à déclarer.
  쥬 내 리엥 아 데끌라레

- 이것이 클레임 택입니다.
  Voici mon étiquette bagage.
  부와씨 몽 에띠께뜨 바가쥬

- 세금을 내야 합니까?
  Je dois payer la taxe ?
  쥬 두와 뻬이에 라 딱쓰

- X선 검사는 하지 마세요.

  Ne passez pas cela aux rayons X, s'il vous plaît.

  느 빠쎄 빠 쓸라 오 레이옹 익스 씰 부 쁠래

- 식물이나 동물이 있습니까?

  Vous apportez des animaux ou des plantes avec vous ? 부 자뽀르떼 데 자니모 우 데 쁠랑뜨 아베끄 부

- 그 영수증을 주시겠어요?

  Je peux avoir le reçu ?

  쥬 쁘 아부와르 르 르쒸

- 이 짐을 보세 취급해 주세요.

  Je voudrais déposer ce bagage en douane.

  쥬 부드래 데뽀제 쓰 바가쥬 앙 두안

- 가방을 닫으십시오.

  Fermez votre sac, s'il vous plaît.

  페르메 보트르 싹 씰 부 쁠래

도 착

깜짝센스

세관 심사

세관은 붉은 표시와 녹색 표시로 구분된다. 신고할 물건이 있는 사람은 붉은 표시로, 없는 사람은 녹색 표시로 가면 된다. 7,600 유로 이상의 현금 소지시에는 신고해야 하며, 규정된 양 이상의 주류나 담배를 들여올 때도 신고해야 한다.

세관원	신고할 것은 있습니까?
	Vous avez quelque chose à déclarer ?
	부 자베 껠끄 쇼즈 아 데끌라레
여행자	예, 위스키 한 병이 있습니다.
	Oui, j'ai une bouteille de whisky.
	위 줴 윈 부떼이 드 위스끼
세관원	안에는 뭐가 있나요?
	Qu'est-ce qu'il y a là-dedans ?
	께스 낄 리 아 라 드당
여행자	개인 소지품밖에 없어요.
	Il n'y a que des affaires personnelles.
	일 니 아 끄 데 자페르 뻬르쏘넬
세관원	과일이나 채소가 있습니까?
	Vous avez des fruits ou des légumes ?
	부 자베 데 프뤼 우 데 레귐
여행자	없습니다.
	Non, je n'en ai pas.
	농 쥬 낭 애 빠

세관원	이것은 무엇입니까? **Qu'est-ce que c'est que ça ?** 께쓰 끄 쎄 끄 싸
여행자	제 친구에게 줄 선물입니다. **C'est un cadeau pour mon ami(e).** 쎄 땡 까도 뿌르 몬 아미
세관원	이게 전부입니까? **C'est tout ?** 쎄 뚜
여행자	신고할 것은 그게 전부입니다. **C'est tout ce que j'ai à déclarer.** 쎄 뚜 쓰 끄 줴 아 데끌라레
세관원	얼마짜리인가요? **Quelle est sa valeur à votre avis ?** 껠 에 싸 발뢰르 아 보트르 아비
여행자	10유로 정도에요. **Environ 10 euros.** 앙비롱 디 죄로

도착

❸ 수하물 찾기

제 가방을 못 찾았는데요.
Je ne trouve pas mes bagages.
쥬 느 트루브 빠 메 바가쥬

 유용한 표현

- 수하물 수취대는 어디 있습니까?
  ### Où retire-t-on les bagages ?
  우 르띠르 똥 레 바가쥬

- 제 짐을 찾아주시겠어요?
  ### Pouvez-vous trouver mes bagages ?
  뿌베 부 트루베 메 바가쥬

- 수하물 보관증이 있습니까?
  ### Vous avez votre étiquette bagage ?
  부 자베 보트르 에띠께뜨 바가쥬

- 짐을 찾으면 연락해 주시겠어요?
  ### Contactez-moi dès que vous retrouvez mes bagages.
  꽁딱떼 무와 데 끄 부 르투르베 메 바가쥬

- 어디서 가방을 받을 수 있나요?
  ### Où puis-je récupérer ma valise ?
  우 쀠쥬 레뀌뻬레 마 발리즈

- 어떤 짐인가요?
  Comment est votre bagage ?
  꼬망 에 보트르 바가쥬

- 제 짐이 아닌데요.
  Ce n'est pas le mien.
  쓰 네 빠 르 미엥

- 가방이 똑같아서 제가 실수했네요.
  Je me suis trompé(e), car les valises se ressemblent beaucoup. 쥬 므 쒸 트롱뻬 까르 레 발리즈 쓰 르쌍블르 보꾸

수하물 관련어

- 수하물   bagages 바가쥬
- 수탁증(클레임 택) étiquette bagage 에띠께뜨 바가쥬
- 이름표   étiquette porte-nom 에띠께뜨 뽀르뜨 농

- 여행가방   valise 발리즈
- 서류가방   serviette 쎄르비에뜨
- 귀중품   objet précieux 오브제 프레씨유
- 짐수레   chariot 샤리오

- 하물의(내용물) contenu 꽁뜨뉘
- 연락처   coordonndés 꼬오르도네
- 분실   perte 뻬르뜨
- 파손   dégâts 데가

❹ 환전

이것을 유로로 바꿔주십시오.
***Pouvez-vous changer cet argent en euros,
s'il vous plaît.*** 뿌베 부 샹제 쎄 따르장 앙 외로 씰 부 쁠래

유용한 표현

1cent.euro 2cent.euro 5cent.euro

- 100유로만 환전해 주세요.
  Je voudrais changer 100 euros.
  쥬 부드래 샹제 쌍 외로

1cent.euro 2cent.euro 5cent.euro

- 환전소는 어디 있나요?
  Où est le bureau de change ?
  우 에 르 뷔로 드 샹쥬

1euro 2euros

- 돈을 바꿔 주세요.
  Pouvez-vous changer de l'argent, s'il vous plaît.
  뿌베 부 샹제 들 라르장 씰 부 쁠래

- 어디서 돈을 바꿀 수 있습니까?
  Excusez-moi, où puis-je changer de l'argent ?
  엑스뀌제 무와 우 쀠 쥬 샹제 들 라르장

- 환전해 주시겠어요?
  Pouvez-vous me changer cet argent ?
  뿌베 부 므 샹제 쎄 따르장

- 일요일에도 영업하는 은행이 있습니까?

  Est-ce qu'il y a une banque qui est ouverte le dimanche ? 에쓰 낄 리 아 윈 방끄 끼 에 우베르뜨 르 디망슈

- 원화를 유로로 바꿔주십시오.

  Pouvez-vous changer ces wons coréens en euros ?
  뿌베 부 샹제 쎄 원 꼬레엥 안 외로

- 환율이 어떻게 됩니까?

  Quel est le taux de change ?
  껠 에 르 또 드 샹쥬

- 환전 수수료는 얼마입니까?

  Combien est la commission ?
  꽁비엠 에 라 꼬미씨옹

- 여행자수표를 현금으로 바꿔주세요.

  Je voudrais encaisser des chèques de voyage.
  쥬 부드래 앙께쎄 데 셰끄 드 부와야쥬

- 잔돈도 섞어주세요.

  Donnez-moi des petites coupures aussi.
  도네 무와 데 쁘띠뜨 꾸쀠르 오씨

- 잔돈으로 바꿔주세요.

  Puis-je avoir de la petite monnaie ?
  쀠쥬 아부와르 들 라 쁘띠뜨 모내

도착

직 원 어떻게 바꿔드릴까요?
Vous le voulez en quelles coupures, votre argent ?
부 르 불레 앙 껠 꾸쀠르 보트르 아르장

여행자 100유로짜리 2장과 나머지는 10유로짜리로 주십시오.
Deux billets de 100 euros et des billets de 10 euros pour le reste.
되 비예 드 쌍 외로 에 데 비예 드 디 죄로 뿌르 르 레스뜨

직 원 얼마를 바꿔드릴까요?
Combien voulez-vous changer ?
꽁비엥 불레 부 샹제

여행자 8만원이요.
80,000 wons. 까트르 뱅 밀 원

직 원 현금으로 드릴까요, 수표로 드릴까요?
En espèce ou en chèque ?
안 에스뻬쓰 우 앙 세끄

여행자 현금으로 주십시오.
En espèce, s'il vous plaît.
안 에스뻬쓰 씰 부 쁠래

환전 관련어

- 환전소   bureau de change 뷔로 드 샹쥬
- 환전률   taux de change 또 드 샹쥬
- 창구   guichet 기셰
- 잔돈   petite monnaie 쁘띠뜨 모내
- 지폐   billet 비예
- 주화   pièce de monnaie 삐에쓰 드 모내

- 유로   euro 외로
- 통화   devise / monnaie 드비즈 / 모내
- 여행자수표   chèque de voyage 셰끄 드 부와야쥬
- 서명   signature 씨냐뛰르

- 달러   dollar 돌라
- 유로   euro 외로
- 파운드   livre 리브르

깜짝센스

환전시 주의사항

- 철저한 계획을 세워 경비가 남거나 부족하여 추가 환전을 하지 않도록 한다.
- 동전은 재환전되지 않기 때문에 가능하면 동전을 먼저 지출하여 동전이 남지 않도록 한다.
- 환전을 하고 나면 계산기로 환율과 받은 금액을 반드시 확인해 본다.
- 세계환율표를 만들어 가지고 다니면 여행경비를 조금이라도 줄일 수 있으며, 물가와 비교할 수 있어 경비의 계획성 있는 지출이 가능하다.
- 여행자수표 환전시 사인은 직원이 보는 데서 하고 다른 사람에게 양도하지 않는다.

❺ 호텔로 이동

공항버스는 어디에서 탑니까?
Où puis-je prendre un bus de l'aéroport ?
우 쀠쥬 프랑드르 앵 뷔쓰 드 라에로뽀르

 유용한 표현

- 버스요금은 얼마입니까?
  Quel est le tarif ?
  껠 에 르 따리프

- 시내로 가는 버스가 있습니까?
  Est-ce qu'il y a un bus qui va en ville ?
  에쓰 낄 리 아 앵 뷔쓰 끼 바 앙 빌

- 호텔까지 어떻게 갑니까?
  Comment va-t-on à l'hôtel ?
  꼬망 바 똥 아 로뗄

- 호텔까지 몇 분 걸립니까?
  Il faut combien de temps pour aller à l'hôtel ?
  일 포 꽁비엥 드 땅 뿌르 알레 아 로뗄

- 택시 타는 곳은 어디입니까?
  Où sont les taxis ?
  우 쏭 레 딱씨

교통수단

1. 버스
2. 기차
3. 택시
4. 자전거
5. 선박
6. 지하철
7. 렌터카
8. 주유소
9. 드라이브

❶ 버스

3번 버스는 어디에서 탑니까?
Où dois-je prendre le bus numéro trois ?
우 두와 쥬 프랑드르 르 뷔쓰 뉘메로 트루와

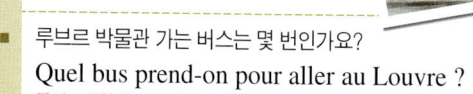

정보

- 루브르 박물관 가는 버스는 몇 번인가요?
  Quel bus prend-on pour aller au Louvre ?
  껠 뷔쓰 프랑 똥 뿌르 알레 오 루브르

- 막차/첫차는 몇 시죠?
  A quelle heure part le dernier/premier bus ?
  아 껠뢰르 빠르 르 데르니에/프르미에 뷔쓰

- 시내까지 가는 버스가 있습니까?
  Est-ce qu'il y a un bus qui va en ville ?
  에쓰 낄 리 아 앵 뷔쓰 끼 바 앙 빌

- 어떻게 그곳에 가는지 가르쳐 주세요.
  Montrez-moi comment y aller.
  몽트레 무와 꼬망 이 알레

- 힐튼호텔에서 제일 가까운 정류장은 어디입니까?
  Où est l'arrêt du bus le plus proche de l'Hôtel Hilton ?   우 에 라레 뒤 뷔쓰 르 쁠뤼 프로슈 드 로뗄 일뜬

- 시내로 가는 버스 정류장은 어디입니까?

  Où est l'arrêt du bus qui va en ville ?

  우 에 라레 뒤 뷔쓰 끼 바 앙 빌

- 이 버스는 시청에 갑니까?

  Il va à l'Hôtel de Ville ?

  일 바 아 로뗄 드 빌

- 다음 정류장은 어디입니까?

  Quel est l'arrêt suivant ?

  껠 에 라레 쒸방

- 갈아탑니까?

  Dois-je changer de bus ?

  두와 쥬 샹제 드 뷔쓰

- 오르세 미술관에 가려면 어디에서 갈아타야 합니까?

  Où dois-je changer pour aller au Musée d'Orsay ?

  우 두와 쥬 샹제 뿌르 알레 오 뮈제 도르쎄

- 어느 정도 시간이 걸립니까?

  Combien de temps faut-il ?

  꽁비엥 드 땅 포 띨

- 버스가 몇 시에 출발합니까?

  A quelle heure part-il ?

  아 껠 뢰르 빠르 띨

교통수단

버스 안

- 자리 있습니까?

  Est-ce que cette place est libre ?
  에쓰 끄 쎄뜨 쁠라쓰 에 리브르

- 버스를 잘못 탔어요.

  Vous vous êtes trompé de bus.
  부 부 제뜨 트롱뻬 드 뷔쓰

- 여기서 내려주세요.

  Je descends ici. / Arrêtez-vous ici.
  쥬 데쌍 이씨 / 아레떼 부 이씨

- 여기서/다음에 내립니다.

  Je descends ici/au prochaine arrêt.
  쥬 데쌍 이씨/오 프로셴 아레

- 소르본느 대학에 설 때 알려주시겠습니까?

  Vous pouvez me faire signe quand on arrive à la Sorbonne ? 부 뿌베 므 패르 씨니으 깡 똔 아리브 알 라 쏘르본

- 어디서 내리면 되나요?

  Où dois-je descendre ?
  우 두와 쥬 데쌍드르

- 개선문까지 몇 정거장을 더 가야 합니까?

  Combien d'arrêts y a-t-il jusqu'à l'Arc de Triomphe ?
  꽁비엥 다레 이 아 띨 쥐쓰까 라르끄 드 트리옹프

차표

- 베르사이유 궁전 행 한 장 주세요.

  Un billet pour le Château de Versailles, s'il vous plaît. 앵 비예 뿌르 르 샤또 드 베르사이 씰 부 쁠래

- 루앙 행 좌석을 예매하려고 합니다.

  Je désire réserver une place pour Rouen.
  쥬 데지르 레제르베 윈 쁠라스 뿌르 루앙

- 루앙 행 내일 8시 왕복표로 주십시오.

  Je voudrais un aller pour Rouen, demain huit heures du matin, et un retour.
  쥬 부드래 앵 알레 뿌르 루앙 드맹 위 뙤르 뒤 마땡 에 앵 르뚜르

- 매표소는 어디에 있습니까?

  Où est le bureau de vente des billets ?
  우 에 르 뷔로 드 방뜨 데 비예

- 시내까지 얼마입니까?

  Combien est le tarif pour aller en ville ?
  꽁비엥 에 르 따리프 뿌르 알레 앙 빌

- 버스 안에서 표를 구입할 수 있나요?

  Peut-on acheter des tickets dans le bus ?
  쁘 똥 아슈떼 데 띠께 당 르 뷔스

- 버스요금은 얼마입니까?

  Combien ça coûte ?
  꽁비엥 싸 꾸뜨

실용회화 Dialogue

여행자 버스는 몇 분마다 출발합니까?
Les bus partent tous les combien ?
레 뷔쓰 빠르뜨 뚤 레 꽁비엥

행 인 버스는 10분마다 운행합니다.
Ils partent toutes les dix minutes.
일 빠르뜨 뚜뜰 레 디 미뉘뜨

여행자 버스를 멈추게 하려면 어떻게 합니까?
Comment fait-on pour arrêter le bus ?
꼬망 패똥 뿌르 아레떼 르 뷔쓰

승 객 벨을 누르면 됩니다.
Il faut appuyer sur le bouton.
일 포 아쀠예 쒸르 르 부똥

여행자 생 레미로 가는 버스는 어디에서 탈 수 있습니까?
Où puis-je prendre le bus pour aller à Saint-Rémy ?
우 쀠쥬 프랑드르 르 뷔쓰 뿌르 알레 아 쌩 레미

행 인 버스 정류장은 여기서 한 블록 떨어져 있습니다.
L'arrêt de bus se trouve une rue loin d'ici. 라레 드 뷔쓰 쓰 트루브 윈 뤼 루앵 딧씨

버스에 오르면

운전석 쪽의 문으로 타면 빨간색 박스가 보이는데, 이것은 버스표에 도장을 찍어주는 기계이다. 승객들은 버스에 오르면서 이 기계에 버스표를 넣어서 도장을 찍어야 한다. 버스에 따라서 두세 군데에 설치된 경우도 있다. 그러나 일회용 버스표가 아닌 일주일권이나 한달권 등의 정기권을 구입한 승객은 표를 기계에 넣지 않고 버스에 오를 때 운전수에게 보여주기만 하면 된다.

버스에서 내릴 때는

버스 곳곳에 설치된 빨간색 정차 버튼을 누르면 **arrêt demandé**(정차 요구)라는 글자에 불이 들어오게 된다. 파리의 버스는 내리려고 하는 승객도 없고 정거장 부근에 탈 사람도 없을 경우에는 그 정거장을 그냥 통과한다. 따라서 버스를 탈 때도 자기 혼자 기다리는 정거장에서는 버스표를 흔들거나 손을 들어 타려는 의사 표시를 정확하게 해야 버스를 탈 수 있다.

추천하는 버스 노선

관광버스처럼 효율적으로 파리 시내를 돌아볼 수 있는 버스를 추천한다. 샹 드 마르스에서 출발하는 69번 버스는 앵발리드를 지나 센 강을 따라 루브르 박물관 앞, 로베르 두아노의 키스 사진으로 유명한 시청 앞 광장, 파리의 뒷골목으로 들어가 파리의 세련된 카페가 많이 몰린 생 폴 구역, 그리고 바스티유 오페라 극장에 이른다. 돌아다니다 다리가 아프면 버스표 한 장으로 버스에 앉아서 시내 관광에 나서도 좋을 듯하다.

❷ 기차

식당칸/침대칸은 있습니까?
Il y a un wagon-restaurant/wagon-lit ?
일 리 아 앵 바공 레스또랑/바공 리

예약

- 이 기차의 좌석을 예약하고 싶습니다.
  Je voudrais réserver une place dans ce train.
  쥬 부드래 레제르베 윈 쁠라쓰 당 쓰 트랭

- 만석입니다.
  C'est complet.
  쎄 꽁쁠레

- 리용 행 침대카로 예약하려고 합니다.
  Je voudrais réserver une couchette pour Lyon.
  쥬 부드래 레제르베 윈 꾸셰뜨 뿌르 리용

- 어디에서 예약할 수 있나요?
  Où est-ce que je peux faire la réservation ?
  우 에쓰 끄 쥬 쁘 패르 라 레제르바씨옹

- 상단/하단으로 주십시오.
  Je voudrais une couchette en haut/en bas.
  쥬 부드래 윈 꾸셰뜨 앙 오/앙 바

 기차표

- 아르르까지 열차표 2장 주세요.

  Deux billets pour Arles, s'il vous plaît.

  되 비예 뿌르 아를르 씰 부 쁠래

- 매표구는 어디입니까?

  Où est le guichet ?

  우 에 르 기셰

- 급행표로 주십시오.

  Donnez-moi une place dans un train express.

  도네 무와 윈 쁠라쓰 당 쟁 트랭 엑쓰프레쓰

- 왕복표 1장 주세요.

  Un aller et retour, s'il vous plaît.

  앵 알레 에 르뚜르 씰 부 쁠래

- 성인 2장, 어린이 1장 주세요.

  Deux adultes et un enfant, s'il vous plaît.

  되 자뒬뜨 에 앵 앙팡 씰 부 쁠래

침대차

침대차는 보통 침대와 쿠셰트가 있다. 또 Semi couchettes cabine 80이라는 임시 수면용 침구가 딸린 2등석도 있어서 무료로 이용할 수 있다. 침대차는 가족 동반인 경우를 제외하고는 남녀를 구별해서 발매하고 침대 높이에 따라 요금이 달라진다.

행선지 확인

- 이 열차는 어디로 갑니까?

  Ce train va où ?
  쓰 트랭 바 우

- 기차를 잘못 탔습니다.

  Je me suis trompé(e) de train.
  쥬 므 쒸 트롱뻬 드 트랭

- 이 기차 그르노블로 가는 것 맞나요?

  C'est bien le train pour Grenoble ?
  쎄 비엥 르 트랭 뿌르 그르노블

- 아비뇽에 몇 시에 도착합니까?

  A quelle heure arrive-t-on à Avignon ?
  아 껠 뢰르 아리브 똥 아 아비뇽

- 이 열차는 매일 운행합니까?

  Ce train part tous les jours ?
  쓰 트랭 빠르 뚤 레 쥬르

- 이 기차는 파리까지 갑니까?

  Est-ce que ce train va jusqu'à Paris ?
  에쓰 끄 쓰 트랭 바 쥐스꺄 빠리

- 다음 정차역은 어디입니까?

  Quelle est la prochaine station ?
  껠 에 라 프로셴 스따씨옹

출발

- 5번 플랫폼은 어디입니까?

    Où se trouve le quai Numèro(N°) 5 ?

    우 쓰 트루브 르 께 뉘메로 쌩끄

- 왜 기차가 오지 않죠?

    Pourquoi le train n'arrive-t-il pas ?

    뿌르꾸와 르 트랭 나리브 띨 빠

- 급행열차가 있습니까?

    Y a-t-il des express ?

    이 아 띨 데 젝쓰프레쓰

- 보르도 행은 몇 번 플랫폼입니까?

    De quelle voie part le train pour Bordeaux ?

    드 껠 부와 빠르 르 트랭 뿌르 보르도

- 몇 번 홈에서 떠납니까?

    De quelle voie part-il ?

    드 껠 부와 빠르 띨

- 발차 시간은 몇 시입니까?

    A quelle heure part-il ?

    아 껠 뢰르 빠르 띨

- 다음 열차는 언제 출발합니까?

    A quelle heure part le prochain train ?

    아 껠 뢰르 빠르 르 프로솅 트랭

열차 안

- 이 좌석은 어디 있나요?

  Où est cette place ?
  우 에 쎄뜨 쁠라쓰

- 이 자리 비어 있습니까?

  Est-ce que cette place est libre ?
  에쓰 끄 쎄뜨 쁠라쓰 에 리브르

- 창문을 열어도 좋습니까?

  Je peux ouvrir la fenêtre ?
  쥬 쁘 우브리르 라 프네트르

- 짐을 짐칸에 올려 주시겠어요?

  Pouvez-vous mettre mes bagages dans le compartiment à bagages ?
  뿌베 부 메트르 메 바가쥬 당 르 꽁빠르띠망 아 바가쥬

- 여기서는 어느 정도 정차합니까?

  Il s'arrête combien de temps dans cette gare ?
  일 싸레뜨 꽁비엥 드 땅 당 쎄뜨 갸르

- 타도 좋습니까?

  Je peux prendre ce train ?
  쥬 쁘 프랑드르 쓰 트랭

- 갈아타야 합니까?

  Je dois changer de train ?
  쥬 두와 샹제 드 트랭

여행자	보르도행 다음 기차는 몇 시에 출발합니까? A quelle heure part le prochain train pour Bordeaux ? 아 껠뢰르 빠르 르 프로솅 트랭 뿌르 보르도
매표소	3시에 떠나는 특급열차가 있습니다. Il y a un train express qui part à 3 heures. 일 이 아 앵 트랭 엑쓰프레쓰 끼 빠르 아 트루와 죄르
여행자	마르세이유행, 1등석 세 장 주세요. Trois billets en première classe pour Marseille. 트루와 비예 앙 프르미에르 끌라스 뿌르 마르세이
매표소	왕복입니까, 편도입니까? En aller et retour ou en aller simple ? 안 알레 에 르뚜르 우 안 알레 쌩쁠
여행자	저는 편도표를 원합니다. En aller simple. 안 알레 쌩쁠
매표소	여기 있습니다. 40유로입니다. Tenez. Ça fait 40 euros. 뜨네 싸 패 까랑뜨 외로

열차

1. **승차권과 철도 요금**

   티켓은 발행일로부터 2개월간 효력을 발휘한다(파리 근교선은 당일에 한해서만). 개찰은 없지만 플랫폼 통로에 있는 오렌지색 각인기에서 반드시 날짜를 각인한다. 각인 후 24시간 동안 유효하며, 그 범위 내에서라면 도중 하차도 가능하다.

2. **할인 티켓에 관해**

   프랑스 국철은 하루를 3개의 시간대로 나누어 비어 있는 순서로 청, 백, 적으로 색깔 구분을 한 여객 캘린더라는 것을 내놓고 있다. 이 캘린더로 푸른색과 흰색의 시간대에 열차를 타면 여러 할인 혜택이 있다.

3. **예약**

   예약은 출발 2개월 전부터 반나절-1시간 전까지 접수를 받는다. 단 테제베 및 울라페르는 직전까지 창구에서 예약할 수 있다. 쿠셰트의 경우, 당일 빈자리가 있으면 시발역에서는 보통의 예약 창구와는 다른 플랫폼 입구에 가까운 안내소에서 파는 경우가 있다.

파리의 역

- **동역(Gare de l'EST)** : 낭시, 스트라스부르, 독일 방면
- **몽파르나스역(Gare Montparnasse)** : 남서쪽, 브르타뉴, 스페인 방면
- **리옹역(Gare de Lyon)** : 남동쪽의 리옹, 디종, 몽플리에, 마르세이유, 그 르노블이나 이탈리아, 스위스 방면
- **오스테를리츠역(Gare d'Austerlitz)** : 테제베가 출발하는 역으로 남서쪽의 보르도와 뚤루즈, 뚜르, 스페인 방면
- **북역(Gare du Nord)** : 릴, 칼레, 발랑시엔, 벨기에나 독일, 네덜란드 방면 테제베나 도버 터널을 통과하는 유로스타의 기착역
- **생 라자르역(Gare de Saint-Lazare)** : 파리의 북쪽, 노르망디나 브르따뉴 방면

명소 · 볼거리

○ 에펠탑(Tour Eiffel)

개선문과 함께 파리의 상징인 에펠탑은 1889년 프랑스의 건축가 귀스타프 에펠에 의해서 지어진 탑이다. 높이 307m의 이 탑은 건립 당시에는 언론인과 지식인들의 거센 반발에 부딪혀 한때 철거될 위기에 놓이기도 했었다. 단편 소설로 유명한 프랑스의 작가 모파상은 괴물 같은 철골 구조물로 파리 경관을 망친다며 에펠탑 철거를 주장하기도 했다.

에펠탑은 파리 어느 지역에서나 보이는 높은 탑으로 탑 위에서 바라보는 파리 전경 또한 아름답다. 에펠탑 위에 올라서면 파리의 전경이 다 보인다. 에펠탑에는 3개의 전망대가 있으며, 1층에는 철거를 주장했던 모파상이 자주 와서 식사를 하던 레스토랑이 있다. 에펠탑은 2층까지 걸어서 올라가는 방법과 처음부터 엘리베이터를 타고 올라가는 방법이 있다.

한편 아름다운 에펠탑을 조망하고, 사진을 찍으려면 건너편 샤이오 궁(Palais de Chaillot)에서 내려다보는 것이 좋다. 영화박물관과 샤이오 국립극장이 자리 잡고 있는 샤이오 궁에 가려면 지하철 6번선이나 9번선을 타고 트로까데로(Trocadéro) 역에서 내린다.

❸ 택시

(주소를 보여주며) 이 주소로 가 주세요.
A cette adresse, s'il vous plaît.
아 쎄뜨 아드레쓰 씰 부 쁠래

행선지

- 오페라 가르니에까지 가 주세요.
  Conduisez-moi à l'Opéra Garnier, s'il vous plaît.
  꽁뒤제 무아 아 로뻬라 가르니에 씰 부 쁠래

- 어디까지 가십니까?
  Où allez-vous ?
  우 알레 부

- 저는 샹젤리제 거리에 가려고 합니다만.
  Je voudrais aller aux Champs-Elysées.
  쥬 부드래 알레 오 샹젤리제

- 다음에서 왼쪽/오른쪽으로 돌아 주세요.
  Tournez à gauche/à droite à la prochaine rue, s'il vous plaît. 뚜르네 아 고슈/아 드루와뜨 알 라 프로셴 뤼 씰 부 쁠래

- 똑바로 가세요.
  Continuez tout droit.
  꽁띠뉘에 뚜 드루와

택시 안

- 여기서 세워주세요.
  Arrêtez-vous ici, s'il vous plaît.
  아레떼 부 이씨 씰 부 쁠래

- 여기서 잠시만 기다려 주세요.
  Attendez-moi ici quelques instants.
  아땅데 무와 이씨 껠끄 쟁쓰땅

- 서둘러 주세요! 급합니다.
  Dépêchez-vous! Je suis pressé.
  데뻬셰 부 쥬 쒸 프레쎄

- 천천히 가 주세요.
  Plus lentement, s'il vous plaît.
  쁠뤼 랑뜨망 씰 부 쁠래

- 잔돈은 가지세요.
  Gardez la monnaie.
  가르데 라 모내

깜짝센스

택시 기사의 팁

짐이 있을 경우는 내릴 때 짐값과 팁 주는 것을 잊지 말자. 짐이 크지 않다면 자신이 직접 좌석 옆으로 들고 타면 되는데 이때는 짐값을 따로 주지 않아도 된다. 팁은 보통 요금의 10% 정도로 알고 있지만, 택시의 경우 1~2유로 정도만 줘도 충분하다.

택시기사 어디까지 가십니까?
Vous allez où ? 부 잘레 우

승객 6시까지 몽파르나스 역으로 가주세요.
Conduisez-moi à la gare Montparnasse, je dois y être à 6 heures.
꽁뒤제 무와 알 라 갸르 몽빠르나쓰 쥬 두와 이 에트르 아 씨 죄르

택시기사 어디에서 내리시겠습니까?
Vous voulez descendre où ?
부 불레 데쌍드르 우

승객 여기에서 내려주세요.
Déposez-moi ici, s'il vous plaît.
데뽀제 무와 이씨 씰 부 쁠래

택시기사 잔돈이 없습니다.
Je n'ai pas de monnaie.
쥬 내 빠 드 모내

승객 잔돈은 가지세요.
Gardez la monnaie.
갸르데 라 모내

택시 요금 체계

택시 요금은 탑승 지역과 시간에 따라 A, B, C 세 등급으로 나누어진다. A 등급은 파리 시내에서 택시를 탔을 경우 오전 7시까지 적용된다. B 등급은 파리 시내에서 평일 오후 7시부터 다음날 오전 7시 사이, 일요일과 휴일의 낮, 낮시간에 공항에서 시내로 혹은 시내에서 공항으로 갈 때 적용된다.

C 등급은 밤에 교외나 공항에서 택시를 탔을 때 적용된다. 택시 팻말 아래 그 시간에 해당되는 등급 표시판에 불이 들어와 있으므로 확인할 수 있다. 그러나 택시는 공항을 오갈 때나 이용하고 파리 시내는 가능하면 지하철을 타거나 걸어 다니도록 하자.

깜짝센스

파리의 택시

택시는 버스나 지하철보다는 많이 비싸지만 새벽 1시 이후 지하철이나 버스가 끊어진 밤에는 편리하게 이용할 수 있다. 그러나 아무 곳에서나 택시를 세워 탈 수는 없고 지정된 택시 정류장에서 타야 한다. 택시 정류장은 번잡한 교차로나 주요 지하철역, RER 역, 기차역 등에 있다.

차 위에 하얀색 불이 켜져 있으면 빈 택시이므로 이용이 가능하다. 파리에서는 기사 옆의 조수석에는 손님이 앉을 수 없으므로 택시를 탈 때는 뒷좌석에 타도록 한다.

❹ 자전거

이 자전거를 보관해 주세요.
Pouvez-vous garder mon vélo ?
뿌베 부 갸르데 몽 벨로

유용한 표현

- 공기를 주입해 주세요.
  Pouvez-vous gonfler ce pneu ?
  뿌베 부 공플레 쓰 쁘뇌

- 브레이크가 말을 듣지 않아요.
  Le frein ne marche pas bien.
  르 프랭 느 마르슈 빠 비엥

- 여기에 놓으면 되나요?
  Je peux le mettre ici ?
  쥬 쁘 르 메트르 이씨

- 반납하려고 합니다.
  Je voudrais le rendre.
  쥬 부드래 르 랑드르

- 보증금을 돌려주십시오.
  Pourriez-vous me rendre la caution que j'ai déposée, s'il vous plaît. 뿌리에 부 므 랑드르 라 꼬씨옹 끄 줴 데뽀제 씰 부 쁠래

- 타이어가 펑크났어요.
  J'ai un pneu crevé.
  쥌 앵 쁘뇌 크르베

- 자전거는 어디서 대여하나요?
  Où puis-je louer un vélo ?
  우 쀠쥬 루에 앵 벨로

- 자전거를 하루 동안 빌리고 싶은데요.
  Je voudrais louer un vélo pour la journée.
  쥬 부드래 루에 앵 벨로 뿌르 라 쥬르네

- 얼마입니까?
  Combien est-ce ?
  꽁비엥 에 쓰

자전거

파리의 센강 북측 강변도로는 일요일마다 자전거 도로로 개방된다. 50 km에 달하는 자전거 산책로는 파리의 자랑거리임에 분명하다. 불로뉴 숲(Bois de Boulogne)에서 센강 남북 양안의 강변도로를 통해 뱅센느 숲(Bois de Vincennes)까지 이어지는 자전거 하이킹 코스가 유명하다. 뿐만 아니라 베르사이유 궁전 같은 유적지에는 항상 자전거 대여 서비스가 있으므로 자전거를 타고 궁전 정원 구석구석을 달려보는 것도 좋은 추억이 될 것이다.

❺ 선박

1등석으로 주세요.
En première classe, s'il vous plaît.
앙 프르미에르 끌라쓰 씰 부 쁠래

 예약

- 코르시카 섬까지 선실을 예약하고 싶습니다.
  Je voudrais réserver une cabine pour la Corse.
  쥬 부드래 레제르베 윈 까빈 뿌르 라 꼬르쓰

- 2인용 선실은 얼마입니까?
  Combien coûte une cabine à 2 lits ?
  꽁비엥 꾸뜨 윈 까빈 아 되 리

- 제일 싼 자리는 얼마인가요?
  Quel est le prix du fauteuil le moins cher ?
  껠 에 르 프리 뒤 포뙤이 르 무앵 셰르

- 코르시카 표 두 장 주세요
  Deux billets pour la Corse, s'il vous plaît.
  되 비예 뿌르 라 꼬르쓰 씰 부 쁠래

- 선실은 어디입니까?
  Où se trouve ma cabine ?
  우 쓰 트루브 마 까빈

 출항

- 언제 출항합니까?

  A quelle heure part-il ?

  아 껠 뢰르 빠르 띨

- 항구는 어떻게 갑니까?

  Comment on va au port ?

  꼬망 옹 바 오 뽀르

- 어느 부두에서 승선합니까?

  A quel quai embarque-t-on ?

  아 껠 깨 앙바르끄 똥

- 승선 시간은 몇 시입니까?

  A quelle heure se fait l'embarquement ?

  아 껠 뢰르 쓰 패 랑바르끄망

- 배멀미가 납니다.

  J'ai le mal de mer.

  줴 르 말 드 메르

- 의사를 불러 주시겠어요?

  Appelez un médecin, s'il vous plaît.

  아쁠레 앵 메드쌩 씰 부 쁠래

- 코르시카까지 시간이 어느 정도 걸립니까?

  On met combien de temps jusqu'à la Corse ?

  옹 메 꽁비엥 드 땅 쥐스까 라 꼬르쓰

❻ 지하철

몽파르나스 역으로 가는 것은 몇 호선입니까?
Quelle ligne va à la gare Montparnasse ?
껠 리니으 바 알 라 가르 몽빠르나쓰

유용한 표현

- 가장 가까운 지하철역은 어디 있습니까?
  Où est la station du métro la plus proche ?
  우 에 라 스따씨옹 뒤 메트로 라 쁠뤼 프로슈

- 바스티유 오페라까지 가려면 어느 역에서 갈아타야 합니까?
  Où dois-je changer pour aller à l'Opéra Bastille ?
  우 두와 쥬 샹제 뿌르 알레 아 로뻬라 바스띠으

- 어느 역에서 내려야 합니까?
  Où dois-je descendre ?
  우 두와 쥬 데쌍드르

- 지하철표는 어디에서 삽니까?
  Où se vendent les billets ?
  우 쓰 방드 레 비예

- 지하철 노선도를 주세요.
  Un plan de métro, s'il vous plaît.
  앵 쁠랑 드 메트로 씰 부 쁠래

- 표 한 장 주세요.
  Un billet, s'il vous plaît.
  앵 비예 씰 부 쁠래

- 몽마르트르로 나가는 출구는 어느 출구입니까?
  Quelle sortie dois-je prendre pour aller à Montmartre ? 껠 쏘르띠 두와 쥬 프랑드르 뿌르 알레 아 몽마르뜨르

파리의 지하철

파리의 지하철은 메트로라고 하며, 모두 14개 노선이 있다. 갈아타기가 힘들지만 메트로 타기를 정복하면 파리 여행을 가장 빠르고 저렴하게 할 수 있다. 파리의 지하철은 한국과 비슷한 시스템으로 운영되고 있기 때문에 적응  하기는 쉽지만, 노선이 많아 갈아타는 것이 복잡해 주의해야 한다.

100년이 넘는 역사를 자랑하는 파리의 지하철은 거미줄처럼 연계되어 있어 노선이 다소 복잡해 보이지만 지하철 노선도 하나면 어디든지 갈 수 있다. 여행객들은 지하철 10매 묶음인 까르네(carnet)나 다양한 종류의 정액권을 이용하면 훨씬 저렴하게 여행을 즐길 수 있다. 지하철 티켓의 경우 1매는 1.3유로이지만 10개 묶음인 1까르네는 10유로이고, 어린이는 반값이다.

직원	표를 보여주십시오. **Votre titre de transport, s'il vous plaît.** 보트르 띠트르 드 트랑스뽀르 씰 부 쁠래
여행자	여기 있습니다. **Le voilá.** 르 부왈라

여행자	국립도서관으로 가려면 몇 호선을 타야 합니까? **Quelle ligne dois-je prendre pour aller à la Bibliothèque Nationale ?** 껠 리뉴 두와 쥬 프랑드르 뿌르 알레 알 라 비블리오떼끄 나씨요날
직원	14호선입니다. **La ligne 14.** 라 리뉴 꺄또르즈

여행자	거기에 가려면 얼마나 걸립니까? **Il faut combien de temps pour y aller ?** 일 포 꽁비엥 드 땅 뿌르 이 알레
직원	별로 멀지 않아요. 15분 정도 걸립니다. **Ce n'est pas loin d'ici. On met environ 15 minutes.** 쓰 네 빠 루앵 딧씨 옹 메 앙비롱 깽즈 미뉘뜨

깜짝센스

지하철에서 주의할 점

1) 표 검사!

   우리나라와 달리 지하철에서 나올 때는 티켓 검표가 없어 지하철을 타고는 티켓을 버리는 사람이 많은데 그러다 검표원을 만나면 영락없이 무임승차가 되므로 티켓은 지하철 역 밖으로 완전히 나올 때까지 버리지 않는다. 무임 승차시 벌금은 20유로.

2) 소매치기 조심!

   지하철 안에는 동양인, 특히 한국인들을 노리는 소매치기들이 많다는 사실을 항상 명심하자. 소매치기들은 대부분 문 근처에 있다가 승객의 핸드백이나 지갑을 날쌔게 채어 달아나는 수법을 쓴다. 지하철 안에서는 가방을 자신의 몸 앞으로 들고 있는 것이 안전하다.

3) 역과 역 사이가 짧으므로 주의한다.

   우리나라 지하철은 3분 정도가 걸리지만, 파리는 1분도 안 돼 다음 역에 도착하는 경우가 있다. 보통 역에서 머리를 내밀어 보면 다음 역이 보일 정도로 역 사이가 짧은 구간도 있으므로 멀리 가지 않을 경우는 주의해야 한다. 잠깐 다른 생각하는 순간에 내리려는 역을 지나칠 수도 있으므로.

❼ 렌터카

차를 빌리고 싶은데요.
Je voudrais louer une voiture.
쥬 부드래 루에 윈 부와뛰르

차 대여

- 소형차를 일주일 빌려주십시오.
  Une petite voiture pour une semaine, s'il vous plaît.
  윈 쁘띠뜨 부와뛰르 뿌르 윈 스멘느 씰 부 쁠래

- 스포츠카 오토로 빌려주십시오.
  Je voudrais une voiture de sport à boîte automatique.
  쥬 부드래 윈 부와뛰르 드 스뽀르 아 부와뜨 오또마띠끄

- 내일 오전 10시부터 6시까지 사용하려고 합니다.
  Je voudrais la louer demain de 10h à 18h.
  쥬 부드래 라 루에 드맹 드 디 죄르 아 디쥣 뙤르

- 운전 면허증을 보여주십시오.
  Votre permis de conduire, s'il vous plaît.
  보트르 뻬르미 드 꽁뒤르 씰 부 쁠래

- 요금표를 보여주십시오.
  Montrez-moi la tarification.
  몽트레 무와 라 따리피까씨옹

- 대여 요금은 하루에 얼마입니까?

  C'est combien par jour, la location ?

  쎄 꽁비엥 빠르 쥬르 라 로까씨옹

- 기름값이 포함된 것입니까?

  L'essence est incluse dans le prix ?

  레쌍쓰 에 땡끌뤼즈 당 르 프리

- 어디에서 기다리면 될까요?

  Où dois-je attendre ?

  우 두와 쥬 아땅드르

 보험과 보증금

- 종합보험으로 해주십시오.

  Je voudrais prendre l'assurance tous risques.

  쥬 부드래 프랑드르 라쒸랑스 뚜 리쓰끄

- 보증금은 얼마입니까?

  La caution est de combien ?

  라 꼬씨옹 에 드 꽁비엥

- 보증금이 필요합니까?

  Dois-je verser une caution ?

  두와 쥬 베르쎄 윈 꼬씨옹

교통수단

- 보험에는 가입되어 있나요?

  Elle est assurée ?

  엘 에 따쒸레

- 보증금은 어떻게 할까요?

  Quel type d'assurance voulez-vous ?

  껠띠쁘 다쒸랑스 불레 부

- 대리점은 어느 도시에 있습니까?

  Dans quelles villes se trouvent vos agences ?

  당 껠 빌 쓰 트루브 보 자장스

- 문제가 생기면 어떻게 해야 하나요?

  En cas de problème, qu'est-ce que je dois faire ?

  앙 까 드 프로블렘 께스 고 쥬 두와 패르

- 어떻게 작동합니까?

  Comment fonctionnent les commandes ?

  꼬망 퐁씨욘느 레 꼬망드

 어 휘

· 기름	essence	에쌍쓰
· 하루당	par jour	빠르 쥬르
· 10시부터 16시까지	de 10 h à 16h	드 디죄르 아 쎄죄르
· 캠핑 트레일러	caravane	까라반

실용회화 Dialogue

직원	어떤 모델을 원하십니까? **Quel modèle voulez-vous ?** 껠 모델 불레 부
여행자	소형차가 좋겠어요. **Je voudrais une petite voiture.** 쥬 부드래 윈 쁘띠뜨 부와뛰르
직원	얼마동안 사용하실 건가요? **Vous la voulez pour combien de temps ?** 부 라 불레 뿌르 꽁비엥 드 땅
여행자	5일이요. **Pour cinq jours.** 뿌르 쌩 쥬르
여행자	임대료는 얼마입니까? **C'est combien, la location ?** 쎄 꽁비엥 라 로까씨옹
직원	하루에 50유로입니다. **Cinquante euros par jour.** 쌩깡뜨 외로 빠르 쥬르

교통수단

⑧ 주유소

레귤러로 넣어주세요.
Mettez-moi de l'ordinaire.
메떼 무와 드 로르디내르

유용한 표현

- 가장 가까운 주유소는 어디입니까?
  Où est la station-service la plus proche ?
  우 에 라 스따씨옹 쎄르비쓰 라 쁠뤼 프로슈

- 이 근처에 주유소가 있습니까?
  Il y a une station-service près d'ici ?
  일 리 아 윈 스따씨옹 쎄르비쓰 프레 딧씨

- 제 차 좀 봐주시겠어요?
  Pouvez-vous examiner ma voiture ?
  뿌베 부 에그자미네 마 부와뛰르

- 오일을 체크해 주십시오.
  Vérifiez l'huile, s'il vous plaît.
  베리피에 륄르 씰 부 쁠래

- 타이어를 봐 주시겠어요?
  Pouvez-vous vérifier les pneus ?
  뿌베 부 베리피에 레 쁘뇌

- 화장실을 사용해도 됩니까?
  Je peux utiliser les toilettes ?
  쥬 쁘 위띨리제 레 뚜왈레뜨

- 가솔린 넣는 방법을 알려주세요.
  Pouvez-vous m'indiquer comment mettre l'essence ?
  뿌베 부 맹디께 꼬망 메트르 레쌍쓰

- 기름은 가득 채워주세요.
  Faites-moi le plein, s'il vous plaît.
  패뜨 무와 르 쁠렝 씰 부 쁠래

- 세차 좀 해 주십시오.
  Lavez la voiture, s'il vous plaît.
  라베 라 부와뛰르 씰 부 쁠래

 어 휘

· 주유소	station-service	스따씨옹 쎄르비쓰
· 레귤러	ordinaire	오르디내르
· 가득 채우다	faire le plein	패르 르 쁠렝
· 오일	huile	윌르
· 체크하다	vérifier	베리피에

9 드라이브

주차장은 있습니까?
Y a-t-il un parking ?
이 아 띨 앵 빠르낑

유용한 표현

- 이 길이 바르비종으로 가는 길입니까?
  Je suis bien sur la route de Barbizon ?
  쥬 쉬 비엥 쒸르 라 루뜨 드 바르비종

- 이곳은 일방통행입니까?
  C'est une voie à sens unique ?
  쎄 뛴 부와 아 쌍쓰 위니끄

- 노상주차를 해도 됩니까?
  On peut se garer sur le bas-côté de la route ?
  옹 쁘 쓰 갸레 쒸르 르 바꼬떼 드 라 루뜨

- 이곳은 주차금지 구역입니다.
  Le stationnement est interdit dans cette zone.
  르 스따씨온느망 에 땡떼르디 당 쎄뜨 존

- 시동이 걸리지 않습니다.
  La voiture ne démarre pas.
  라 부와뛰르 느 데마르 빠

- 이 곳은 무슨 거리입니까?

  Comment s'appelle cette rue ?
  꼬망 싸뻴 쎄뜨 뤼

- 도로 지도는 있습니까?

  Vous avez une carte routière ?
  부 자베 윈 까르뜨 루띠에르

- 파리로부터 얼마나 떨어져 있습니까?

  A quelle distance suis-je de Paris ?
  아 껠 디스땅쓰 쒸 쥬 드 빠리

▲ 길가 주차티켓

▲ 주차장 표지판

깜짝센스

자동차 견인시

불법 주차시 즉시 견인 조치되며, 이런 경우 경찰서나 해당 관청으로 연락하면 차가 견인된 장소와 차를 찾을 수 있는 방법을 알려준다. 벌금, 견인비, 보관료 등을 지불하면 차를 찾을 수 있다.

명소 · 볼거리

◎ 노틀담 대성당(Cathédrale de Notre Dame)과 생뜨 샤펠(Sainte Chapelle)

노틀담(Notre Dame)은 성모 마리아를 가리키는 말로 프랑스에서 가장 경건한 의식을 거행할 때 이곳을 이용한다. 파리의 모태인 씨테 섬에 자리잡은 노틀담 대성당은 프랑스 초기 고딕 건축의 최고 걸작으로 꼽히며 유유히 흐르는 센강을 끼고 바라보는 대성당의 모습은 무척이나 아름답다. 1760년 국왕 루이 16세의 혼례식이 거행됨으로써 명실공히 왕가의 대성당으로 자리를 굳힌 대성당은 프랑스 혁명 때에는 교회의 핍박에서 성난 군중들에 의해 한때 파괴와 철거의 운명에 직면하기도 하였다.

그러나 1802년 나폴레옹에 의하여 대성당의 위치를 유지하고, 1804년에는 황제 나폴레옹이 이곳에서 대관식을 거행하였다. 성당 내부에는 약 9000명을 수용할 수 있는 회당이 있고, 햇빛의 변화에 따라 그 분위기가 달라지는 아름다운 스테인드 글라스로 된 장미창이 유명하다. 교회 남쪽 탑에는 위고의 소설 〈노틀담의 꼽추〉에 등장하는 큰 종이 있다. 몇 해 전 프랑스 관광청에서 조사한 바로는 노틀담 대성당이 에펠탑을 제치고 관광객이 가장 많이 찾는 파리의 명소라고 한다.

또한 햇빛에 따라 시시각각 색이 변하는 환상적인 유리창을 자랑하는 생트 샤펠도 같은 시테 섬 내에 위치하고 있다. 1248년 성 루이 대왕의 요구에 따라 건설된 고딕식 성당인 생트 샤펠의 스테인드 글라스는 프랑스에서 가장 아름다운 것으로 꼽힌다.

숙박

1. 호텔 예약
2. 호텔 체크인
3. 룸서비스
4. 호텔 시설 이용
5. 문제 발생
6. 호텔 체크아웃
7. 유스호스텔

① 호텔 예약

예약을 하고 싶습니다.
Je voudrais réserver une chambre.
쥬 부드래 레제르베 윈 샹브르

숙박업체 문의

- 싸고 좋은 호텔 좀 추천해 주세요.
  Pouvez-vous me recommander un hôtel bien et pas très cher ? 뿌베 부 므 르꼬망데 앵 오뗄 비엥 에 빠 트레 셰르

- 그 호텔은 어떻게 갈 수 있죠?
  Comment je peux aller à cet hôtel-là ?
  꼬망 쥬 뿌 알레 아 쎄 또뗄 라

- 배낭여행자들이 잘 가는 숙박업소가 있나요?
  Est-ce qu'il y a des établissements hôteliers à recommander pour les routards ?
  에쓰 낄 이 아 데 제따블리쓰망 오뗄리에 아 르꼬망데 뿌르 레 루따르

- 숙박업소가 나와있는 안내책자가 있나요?
  Vous avez un guide pour l'hébergement ?
  부 자베 앵 기드 뿌르 레베르쥬망

- 좀더 싼 곳은 없나요?
  Vous avez quelque chose de meilleur marché ?
  부 자베 껠끄 쇼즈 드 메이외르 마르셰

방 예약하기

- 오늘밤 빈 방 있습니까?
  Vous avez une chambre libre pour ce soir ?
  부 자베 윈 샹브르 리브르 뿌르 쓰 쑤와르

- 2인용으로 부탁합니다.
  Une chambre pour deux personnes, s'il vous plaît.
  윈 샹브르 뿌르 되 뻬르쏜 씰 부 쁠래

- 20일에 트윈 룸으로 예약하고 싶습니다.
  Je voudrais réserver une chambre à deux lits pour le 20.
  쥬 부드래 레제르베 윈 샹브르 아 되 리 뿌르 르 뱅

- 더블침대 방 두 개가 필요합니다.
  Nous avons besoin de 2 chambres doubles avec un grand lit.
  누 자봉 브주앵 드 되 샹브르 두블 아베끄 앵 그랑 리

- 제 이름으로 예약해 주세요.
  Réservez-les-moi à mon nom.
  레제르베 레 무와 아 몽 농

- 지금 북역에 있습니다. 1시간 후에 가겠습니다.
  Je suis à la Gare du Nord. J'arrive dans une heure.
  쥬 쒸 알 라 갸르 뒤 노르 쟈리브 당 쥔 외르

- 예약이 다 찼습니다.
  L'hôtel est complet.
  로뗄 에 꽁쁠레

숙박

원하는 방

- 욕실이 있는 싱글룸으로 주세요.
  Je voudrais une chambre individuelle avec salle de bain. 쥬 부드래 윈 샹브르 앵디비뒤엘 아베끄 쌀 드 뱅

- 이 방은 몇 시에 빕니까?
  A partir de quelle heure sera-t-elle libre ?
  아 빠르띠르 드 껠 뢰르 쓰라 뗄 리브르

- 전망이 좋은 방으로 주세요.
  Je voudrais une chambre avec une belle vue.
  쥬 부드래 윈 샹브르 아베끄 윈 벨 뷔

- 수영장 옆의 방을 원합니다.
  Je voudrais une chambre à côté de la piscine.
  쥬 부드래 윈 샹브르 아 꼬떼 들 라 삐씬

- 산/바다가 보이는 방을 원합니다.
  Je voudrais une chambre avec vue sur la montagne /sur la mer. 쥬 부드래 윈 샹브르 아베끄 뷔 쒸르 라 몽따뉴/라 메르

- 인터넷 전용선이 깔린 방을 원합니다.
  Je voudrais une chambre ayant une connexion à Internet. 쥬 부드래 윈 샹브르 에이양 윈 꼬넥씨옹 아 앵떼르넷

- 조용한 방으로 주세요.
  Je voudrais une chambre calme.
  쥬 부드래 윈 샹브르 깔므

예약 변경 및 취소

- 예약을 변경하고 싶습니다.
  Je voudrais modifier ma réservation.
  쥬 부드래 모디피에 마 레제르바씨옹

- 체류를 3박 연장하고 싶습니다.
  Je voudrais rester 3 jours de plus.
  쥬 부드래 레스떼 트루와 쥬르 드 쁠뤼스

- 5일까지 예약했습니다.
  J'ai réservé jusqu'au cinq.
  쥌 레제르베 쥬쓰꼬 쌩끄

- 제가 조금 늦더라도 예약을 유지해 주십시오.
  Gardez ma réservation même si j'arrive un peu tard, s'il vous plaît. 가르데 마 레제르바씨옹 멤므 씨 쟈리브 앵 쁘 따르 씰 부 쁠래

- 김민우라는 이름으로 예약한 방을 확인하고 싶은데요.
  Je voudrais voir la chambre réservée au nom de Kim Min-woo. 쥬 부드래 부와르 라 샹브르 레제르베 오 농 드 김민우

- 5월 3일이 아니고, 5월 10일인데 괜찮습니까?
  Ce n'est pas le 3 mai mais le 10 mai, ça vous va ?
  쓰 네 빠 르 트루와 매 매 르 디 매 싸 부 바

- 예약을 취소하고 싶습니다.
  Je voudrais annuler ma réservation.
  쥬 부드래 아뉼레 마 레제르바씨옹

숙박

요금 문의

- 하루 숙박비가 얼마입니까?

    Combien est-ce pour une nuit ?
    꽁비엥 에 쓰 뿌르 윈 뉘이

- 전부 얼마입니까?

    Je vous dois combien au total ?
    쥬 부 두와 꽁비엥 오 또딸

- 일박하는 데 얼마입니까?

    Quel est le prix par jour ?
    껠 에 르 프리 빠르 쥬르

- 이 요금은 아침식사가 포함된 것인가요?

    Le petit-déjeuner est compris ?
    르 쁘띠 데죄네 에 꽁프리

- 더 싼 것이 있나요?

    Vous avez quelque chose de meilleur marché ?
    부 자베 껠끄 쇼즈 드 메이외르 마르셰

- 방은 얼마짜리부터 있습니까?

    Quels sont les prix des chambres dans votre hôtel ?
    껠 쏭 레 프리 데 샹브르 당 보트르 오뗄

- 보증금이 필요한가요?

    Vous voulez une caution ?
    부 불레 윈 꼬씨옹

- 바다가 보이는 방은 얼마입니까?

    Quel est le prix d'une chambre avec vue sur la mer ?
    껠 에 르 프리 된 샹브르 아베끄 뷔 쒸르 라 메르

- 비수기에는 할인이 되나요?

    Il y a une réduction pendant la basse saison ?
    일 리 아 윈 레뒥씨옹 빵당 라 바쓰 쌔종

- 추가요금은 얼마입니까?

    Le supplément est de combien ?
    르 쒸쁠레망 에 드 꽁비엥

숙박

호텔

전국 곳곳에 수많은 다양한 호텔들이 있다. 정부 관광국의 평가에 따라 별 하나에서 별 넷, 그리고 최고급 호텔인 별 넷 디럭스까지 모두 5등급으로 나뉜다. 사전에 미리 예약을 하고 여행지로 출발하는 것이 좋다. 직접 호텔에 예약을 하거나 예약 사무소 또는 각 도시의 관광 안내 사무소를 이용하면 된다. 숙박료는 호텔 밖에 게시되어 있다.

❷ 호텔 체크인

체크인 부탁합니다.
Veuillez enregistrer, s'il vous plaît.
뵈이예 앙르지스트레 씰 부 쁠래

미리 예약했을 때

- 방을 예약했습니다.
  J'ai réservé une chambre.
  줴 레제르베 윈 샹브르

- 전화로 예약을 확인시켰습니다.
  J'ai confirmé ma réservation par téléphone.
  줴 꽁피르메 마 레제르바씨옹 빠르 뗄레폰

- 김준이라는 이름으로 예약했습니다.
  J'ai réservé une chambre au nom de Kim Jun.
  줴 레제르베 윈 샹브르 오 농 드 김준

- 여행사를 통해서 예약했습니다.
  J'ai fait la réservation dans une agence de voyage.
  줴 패 라 레제르바씨옹 당 진 아쟝쓰 드 부와야쥬

- 저 대신 기입해 주시겠습니까?
  Vous pouvez remplir la fiche pour moi ?
  부 뿌베 랑쁠리르 라 피슈 뿌르 무와

예약 착오

- 다시 한 번 확인해 주세요.

  Verifiez ma réservation encore une fois, s'il vous plaît.

  베리피에 마 레제르바씨옹 앙꼬르 윈 푸와 씰 부 쁠래

- 분명히 오늘 날짜로 예약했습니다.

  J'ai sûrement réservé une chambre pour ce soir.

  줴 쒸르망 레제르베 윈 샹브르 뿌르 쓰 쑤와르

- 예약 기록을 찾을 수 없습니다.

  Je ne trouve pas votre réservation.

  쥬 느 트루브 빠 보트르 레제르바씨옹

- 손님 방을 다른 분께 드렸습니다.

  Votre chambre est déjà occupée par un autre client.

  보트르 샹브르 에 데자 오뀌뻬 빠르 앵 오트르 끌리앙

- 저희는 대개 예약을 확인한 방은 비워놓습니다.

  En général, nous gardons les chambres dont la réservation est confirmée.

  앙 제네랄 누 갸르동 레 샹브르 동 라 레제르바씨옹 에 꽁피르메

- 어느 분 성함으로 예약하셨습니까?

  Vous avez réservé la chambre à quel nom ?

  부 자베 레제르베 라 샹브르 아 껠 농

- 언제 예약하셨습니까?

  Quand avez-vous fait votre réservation ?

  깡 아베 부 패 보트르 레제르바씨옹

숙박

직접 방을 구할 때

- 방을 보여 주시겠어요?

  Pouvez-vous me montrer la chambre ?
  뿌베 부 므 몽트레 라 샹브르

- 예약하지 않았습니다.

  Je n'ai pas réservé.
  쥬 내 빠 레(제르베

- 여기 두 사람이 묵을 방 있나요?

  Vous avez une chambre pour deux personnes ?
  부 자베 윈 샹브르 뿌르 되 뻬르쏜

- 방 두 개가 남았습니다.

  Nous avons deux chambres libres.
  누 자봉 되 샹브르 리브르

- 먼저 방을 볼 수 있을까요?

  Je peux voir la chambre d'abord ?
  쥬 쁘 부와르 라 샹브르 다보르

- 방을 보시겠습니까?

  Voulez-vous voir la chambre ?
  불레 부 부와르 라 샹브르

- 더 큰방/작은방은 없습니까?

  N'avez-vous rien de plus grand/petit ?
  나베 부 리엥 드 쁠뤼 그랑(쁘띠)

- 더 싼 방은 없습니까?

  N'avez-vous rien de meilleur marché ?

  나베 부 리엥 드 메이외르 마르셰

- 이 방으로 주세요.

  Je prends cette chambre-là.

  쥬 프랑 쎄뜨 샹브르 라

- 지금 지불할게요.

  Je vais payer maintenant.

  쥬 배 뻬이에 맹뜨낭

숙박

숙박

프랑스의 숙박 시설은 호텔, 콘도, 민박, 기숙사, 임대 아파트, 스튜디오, 고성 호텔, 유스호스텔, 캠핑 등 매우 다양하여, 여행자들의 취향에 따라 폭넓은 선택을 할 수 있다. 세계 제1의 관광 대국답게 충분한 수용 능력을 갖추고 있으며, 시설과 서비스 면에서 최고를 자랑한다.

 어 휘

· 먼저	d'abord	다보르
· 더 큰	de plus grand	드 쁠뤼 그랑
· 더 작은	de plus petit	드 쁠뤼 쁘띠

호텔 추천

- 다른 호텔을 추천해 주시겠어요?

  Pouvez-vous me recommander un autre hôtel ?
  뿌베 부 므 르꼬망데 앵 오트르 오뗄

- 근처에 다른 호텔이 있나요?

  Il y a d'autres hôtels près d'ici ?
  일 리 아 도트르 오뗄 프레 딧씨

 호텔 방 안내

- 제 방으로 안내해 주십시오.

  Conduisez-moi à ma chambre.
  꽁뒤체 무와 아 마 샹브르

- 손님 방은 6층 603호입니다.

  Votre chambre est la 603 au 5ème étage.
  보트르 샹브르 에 라 씨쌍 트루와 오 쌩끼엠므 에따쥬

- 1300호실에 머무르시면 됩니다.

  Vous êtes dans la chambre 1300.
  부 제뜨 당 라 샹브르 밀 트루와쌍

- 101호입니다. 여기 방 열쇠가 있습니다.

  Vous êtes dans la chambre 101. Tenez votre clé.
  부 제뜨 당 라 샹브르 쌍앵 뜨네 보트르 끌레

- 이 카드 키는 어떻게 사용합니까?

    Comment fonctionne cette clé magnétique ?
    꼬망 퐁씨욘느 쎄뜨 끌레 마녜띠끄

- 방 열쇠 여기 있습니다.

    Voici la clé de votre chambre.
    부와씨 라 끌레 드 보트르 샹브르

- 방 열쇠 하나를 더 얻을 수 있을까요?

    Puis-je avoir une autre clé de ma chambre ?
    쀠쥬 아부와르 윈 오트르 끌레 드 마 샹브르

- 이 방입니다.

    Voici votre chambre.
    부와씨 보트르 샹브르

- 짐을 옮겨 주시겠어요?

    Pouvez-vous me faire porter mes bagages ?
    뿌베 부 므 패르 뽀르떼 메 바가쥬

숙박

 어 휘

· 층	étage	에따쥬
· 보이	garçon d'étage	갸르쏭 데따쥬
· 카드 키	clé magnétique	끌레 마녜띠끄

짐

- 짐을 맡기는 곳은 어디입니까?

    Où se trouve le vestiaire ?
    우 쓰 트루브 르 베스띠애르

- 귀중품을 보관해 주시겠습니까?

    Pouvez-vous me garder ces objets précieux ?
    뿌베 부 므 가르데 쎄 조브제 프레씨유

- 짐은 제가 운반하겠습니다.

    Je vais porter mes bagages moi-même.
    쥬 베 뽀르떼 메 바가쥬 무와 멤므

- 짐을 방까지 날라다 주세요.

    Pouvez-vous faire monter mes bagages jusqu'à ma chambre, s'il vous plaît.
    뿌베 부 패르 몽떼 메 바가쥬 쥐스까 마 샹브르 씰 부 쁠래

- 가방 좀 들어주시겠어요?

    Pouvez-vous m'aider à porter mes bagages ?
    뿌베 부 매데 아 뽀르떼 메 바가쥬

- 택시에서 가방을 꺼내서 방까지 옮겨주세요.

    Veuillez faire prendre mes bagages dans le taxi et les porter jusqu'à ma chambre.
    뵈이예 패르 프랑드르 메 바가쥬 당 르 딱씨 에 레 뽀르떼 쥐스까 마 샹브르

- 저녁까지 짐을 맡아 주세요.

    Gardez mes bagages jusqu'au soir, s'il vous plaît.
    갸르데 메 바가쥬 쥐스꼬 쑤와르 씰 부 쁠래

직원	예약하셨습니까? **Vous avez réservé ?** 부 자베 레제르베
여행자	서울에서 예약했습니다. **J'ai fait ma réservation à Séoul.** 줴 패 마 레제르바씨옹 아 쎄울
직원	몇 일 밤 묵을 겁니까? **C'est pour combien de nuits ?** 쎄 뿌르 꽁비엥 드 뉘이
여행자	3일 밤 묵을 거에요. **Pour 3 nuits.** 뿌르 트루와 뉘이
여행자	체크아웃은 몇 시입니까? **A quelle heure dois-je régler la note ?** 아 껠르 외르 두와 쥬 레글레 라 노뜨
직원	12시에 체크아웃하시면 됩니다. **Vous pouvez régler votre chambre à midi.** 부 뿌베 레글레 보트르 상브르 아 미디

숙박

❸ 룸서비스

> 룸서비스를 부탁합니다.
> ***Room-service, s'il vous plaît.***
> 룸쎄르비쓰 씰 부 쁠래

🐟 룸서비스 요청

- 1015호실인데요.
  Allô, ici, la chambre 1015.
  알로 이씨 라 샹브르 밀 깽즈

- 룸서비스 됩니까?
  Le room-service est disponible ?
  르 룸쎄르비쓰 에 디스뽀니블

- 룸서비스를 부르려면 어떻게 해야 합니까?
  Comment fait-on pour appeler le room-service ?
  꼬망 패 똥 뿌르 아쁠레 르 룸쎄르비쓰

- 내일 아침 6시에 모닝콜을 부탁합니다.
  Pouvez-vous me réveiller à six heures demain matin ?
  뿌베 부 므 레베이에 아 씨 죄르 드맹 마땡

식사·음료 주문

- 아침식사를 방으로 가져다 주세요.

    Montez-moi le petit-déjeuner dans ma chambre.
    몽떼 무와 르 쁘띠 데죄네 당 마 샹브르

- 식사를 오후 7시경까지 가져다 줄 수 있나요?

    Pouvez-vous m'apporter le dîner vers 7 heures du soir ? 뿌베 부 마뽀르떼 르 디네 베르 쎄 뙤르 뒤 쑤와르

- 방에서 아침식사를 하고 싶은데요.

    Je voudrais prendre le petit-déjeuner dans ma chambre. 쥬 부드래 프랑드르 르 쁘띠 데죄네 당 마 샹브르

- 802호실로 샌드위치와 오렌지 주스를 갖다 주세요.

    Un sandwitch et un verre de jus d'orange à la chambre 802, s'il vous plaît.
    앵 쌍드위츠 에 앵 베르 드 쥐 도랑쥬 알 라 샹브르 위쌍 되 씰 부 쁠래

- 스카치 한 병과 얼음을 부탁합니다.

    Une bouteille de scotch avec des glaçons, s'il vous plaît. 윈 부떼이 드 스꼬츄 아베끄 데 글라쏭 씰 부 쁠래

- 주문한 것을 서둘러 주시겠어요?

    Dépêchez-vous, s'il vous plaît ?
    데뻬셰 부 씰 부 쁠래

- 얼음을 좀 가져다 주시겠어요?

    Pouvez-vous m'apporter des glaçons ?
    뿌베 부 마뽀르떼 데 글라쏭

숙박

 **방 청소**

- 방을 청소해 주십시오.
  Pouvez-vous nettoyer la chambre, s'il vous plaît.
  뿌베 부 네뚜와이에 라 샹브르 씰 부 쁠래

- 청소를 해야겠는데요.
  Je pense que la chambre est à nettoyer.
  쥬 빵쓰 끄 라 샹브르 에 따 네뚜와이에

- 방 청소하는 사람을 보내주세요.
  Envoyez-moi une femme de chambre, s'il vous plaît.
  앙부와이에 무와 윈 팜므 드 샹브르 씰 부 쁠래

- 아직 방 청소가 안됐습니다.
  La chambre n'est pas encore prête.
  라 샹브르 네 빠 장꼬르 프레뜨

- 외출해 있는 동안 방을 청소해 주시겠어요?
  Pouvez-vous nettoyer la chambre pendant que je ne suis pas là ?
  뿌베 부 네뚜와이에 라 샹브르 빵당 끄 쥬 느 쒸 빠 라

- 침대를 정돈해 주세요.
  Faites le lit, s'il vous plaît.
  패뜨 르 리 씰 부 쁠래

- 청소해 주세요.
  Nettoyez la chambre, s'il vous plaît.
  네뚜와이에 라 샹브르 씰 부 쁠래

세탁

- 드라이 클리닝 서비스가 됩니까?

  Vous avez un service de nettoyage à sec ?
  부 자베 앵 쎄르비쓰 드 네뚜와쥬 아 쎅

- 호텔에 세탁부가 있습니까?

  Un service de blanchisserie est-il disponible dans cet hôtel ? 앵 쎄르비쓰 드 블랑쉬쓰리 에 띨 디스뽀니블 당 쎄 또뗄

- 이 바지와 셔츠를 세탁해 주세요.

  Nettoyez ce pantalon et cette chemise, s'il vous plaît.
  네뚜와이에 쓰 빵딸롱 에 쎄뜨 슈미즈 씰 부 쁠래

- 이것을 다림질해 주십시오.

  Pouvez-vous faire repasser ceci?
  뿌베 부 패르 르빠쎄 쓰씨

- 언제 됩니까?

  Quand est-ce que ce sera prêt ?
  깡 떼스 끄 쓰 쓰라 프레

- 세탁하는 데 얼마나 걸릴까요?

  Combien de temps faut-il pour nettoyer ce vêtement ?
  꽁비엥 드 땅 포 띨 뿌르 네뚜와이에 쓰 베뜨망

- 7시에 갖고 와 주세요.

  Pouvez-vous me faire les monter à 7 heures.
  뿌베 부 므 패르 레 몽떼 아 쎄 뙤르

숙박

실용회화 Dialogue

숙박객 룸서비스 됩니까?
Le room-service est disponible ?
르 룸쎄르비쓰 에 디스뽀니블

룸서비스 네, 손님.
Oui, Monsieur.
위 므씨유

숙박객 모닝콜을 부탁합니다.
Le réveil téléphonique, s'il vous plaît.
르 레베이 뗄레포니끄 씰 부 쁠래

룸서비스 방 번호를 알려주세요.
Indiquez-moi le numéro de votre chambre.
앵디께 무와 르 뉘메로 드 보트르 샹브르

숙박객 언제 됩니까?
Quand est-ce que je peux les avoir ?
깡 떼스 끄 쥬 쁘 레 자부와르

룸서비스 10분 내로 됩니다.
Dans moins de 10 minutes.
당 무앵 드 디 미뉘뜨

숙박객 세탁 좀 부탁합니다.
Nettoyez ce vêtement, s'il vous plaît.
네뚜와이에 쓰 베뜨망 씰 부 쁠래

세탁부 옷을 세탁자루에 넣고 카드에 내용물을 적으세요.
Mettez-le dans un sac de lavage et remplissez la fiche.
메떼 르 당 쟁 싹 드 라바쥬 에 랑쁠리쎄 라 피슈

숙박객 언제 됩니까?
Quand est-ce que ce sera prêt ?
깡 떼쓰 끄 쓰 쓰라 프레

세탁부 내일 모레요.
Après-demain.
아프레 드맹

숙박객 저는 내일 필요합니다.
J'en ai besoin pour demain.
잔 애 브주앵 뿌르 드맹

세탁부 그러시다면 다시 카드에 적으세요.
Dans ce cas-là, indiquez-le sur la fiche.
당 쓰 깔 라 앵디께 르 쒸르 라 피슈

숙박

❹ 호텔 시설 이용

식당으로 안내해 주십시오.
Montrez-moi le restaurant, s'il vous plaît.
몽트레 무와 르 레스또랑 씰 부 쁠래

유용한 표현

- 호텔에는 어떤 시설이 있나요?

  Quelles sortes de services y a-t-il dans cet hôtel ?
  껠 쏘르뜨 드 쎄르비쓰 이 아 띨 당 쎄 또뗄

- 로비는 몇 층입니까?

  A quel étage se trouve le hall ?
  아 껠 에따쥬 쓰 트루브 르 알

- 어떤 헤어 스타일로 해드릴까요?

  Quelle coiffure voulez-vous faire ?
  껠 꾸와퓌르 불레 부 패르

- 약하게 파마해 주세요.

  Faites-moi une légère permanente, s'il vous plaît.
  패뜨 무와 윈 레제르 뻬르마낭뜨 씰 부 쁠래

- 면도해 주십시오.

  Rasez-moi, s'il vous plaît.
  라제 무와 씰 부 쁠래

- 팁입니다.

    C'est pour vous.
    쎄 뿌르 부

- 이 스위치는 무엇입니까?

    A quoi sert ce bouton électrique ?
    아 꾸와 쎄르 쓰 부똥 엘렉트리끄

- 사우나는 있습니까?

    Est-ce qu'il y a un sauna ?
    에쓰 낄 리 아 앵 쏘나

숙 박

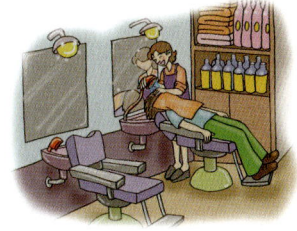

 어 휘

· 헤어스타일	coiffure	꾸와퓌르
· 파마	permanente	뻬르마낭뜨
· 면도하다	raser	라제
· 스위치	bouton électrique	부똥 엘렉트리끄
· 사우나	sauna	쏘나

❺ 문제 발생

화장실에 휴지가 없습니다.
Il n'y a pas de papier hygiénique.
일 니 아 빠 드 빠삐에 이지에니끄

🔊 화장실

- 욕실에 수건이 없습니다.
  Il n'y a pas de serviette de toilette dans la salle de bain. 일 니 아 빠 드 쎄르비에뜨 드 뚜왈레뜨 당 라 쌀 드 뱅

- 여분의 비누를 주십시오.
  Un savon supplémentaire, s'il vous plaît.
  앵 싸봉 쒸쁠레망때르 씰 부 쁠래

- 수도꼭지가 망가졌습니다.
  Le robinet est cassé.
  르 로비네 에 꺄쎄

- 욕실 불이 나갔습니다.
  L'ampoule est grillée dans la salle de bain.
  랑뿔르 에 그리에 당 라 쌀 드 뱅

- 변기 물이 나오지 않습니다.
  La chasse d'eau ne marche pas.
  라 샤쓰 도 느 마르슈 빠

- 변기가 막혔습니다.

    L'eau des toilettes ne coule pas.
    로 데 뚜왈레뜨 느 꿀르 빠

- 손 닦는 수건이 없습니다.

    Il n'y a plus d'essuie-main.
    일 니 아 쁠뤼 데쒸 맹

- 욕실에 치약이 없어요.

    Il n'y a pas de dentifrice dans la salle de bain.
    일 니 아 빠 드 당띠프리쓰 당 라 쌀 드 뱅

- 뜨거운 물이 나오지 않아요.

    Il n'y a pas d'eau chaude.
    일 니 아 빠 도 쇼드

- 세면대가 막혔습니다.

    Le lavabo est bouché.
    르 라바보 에 부셰

숙 박

어 휘

· 휴지	papier hygiénique	빠삐에 이지에니끄
· 비누	savon	싸봉
· 수도꼭지	robinet	로비네
· 치약	dentifrice	당띠프리쓰
· 세면대	lavabo	라바보

 **열쇠**

- 열쇠를 잊고 안 가져 왔어요.
  J'ai oublié ma clé.
  쮀 우블리에 마 끌레

- 방문이 안에서 잠겼어요.
  Je me suis enfermé dehors.
  쥬 므 쒸 앙페르메 드오르

- 열쇠를 방안에 두고 왔어요.
  J'ai oublié la clé dans ma chambre.
  쮀 우블리에 라 끌레 당 마 샹브르

- 방 열쇠가 망가졌어요.
  La clé est cassée.
  라 끌레 에 까쎄

- 열쇠를 잃어 버렸어요.
  J'ai perdu ma clé.
  쮀 뻬르뒤 마 끌레

- 문이 안 열리는데 열어주시겠어요?
  Pouvez-vous m'ouvrir la porte, s'il vous plaît ?
  뿌베 부 무브리르 라 뽀르뜨 씰 부 쁠래

- 여분의 열쇠가 있습니까?
  Vous avez un double de la clé ?
  부 자베 앵 두블 들 라 끌레

소음

- 더 조용한 방을 부탁합니다.
  Une chambre plus calme, s'il vous plaît.
  윈 샹브르 쁠뤼 꺌므 씰 부 쁠래

- 방을 바꿔 주세요.
  Je voudrais changer de chambre.
  쥬 부드래 샹제 드 샹브르

- 방이 너무 시끄러워서요.
  Ma chambre est trop bruyante.
  마 샹브르 에 트로 브뤼양뜨

 기타 요구

- 에어컨이 작동하지 않습니다.
  La climatisation ne marche pas.
  라 끌리마띠자씨옹 느 마르슈 빠

- TV가 고장났어요.
  La télévision ne marche pas.
  라 뗄레비지옹 느 마르슈 빠

- 방 청소가 안 되어 있습니다.
  La chambre n'est pas nettoyée.
  라 샹브르 네 빠 네뚜와이에

프론트에 부탁하기

- 여기에 열쇠 좀 맡길게요.

  Je vais laisser la clé ici.
  쥬 배 래쎄 라 끌레 이씨

- 제게 연락 온 거 있나요?

  Y a-t-il un message pour moi ?
  이 아 띨 앵 메싸쥬 뿌르 무와

- 103호실 열쇠를 주세요.

  Donnez-moi la clé de la chambre 103.
  도네 무와 라 끌레 들 라 샹브르 쌍트루와

- 공항까지 리무진 서비스가 있나요?

  Y a-t-il une navette qui part d'ici pour l'aéroport ?
  이 아 띨 윈 나베뜨 끼 빠르 딧씨 뿌르 라에로뽀르

- 우편물이 오지 않았나요?

  Y a-t-il quelque courrier pour moi ?
  이 아 띨 껠끄 꾸리에 뿌르 무와

- 이 부근에 쇼핑몰이 있나요?

  Y a-t-il un centre commercial près d'ici ?
  이 아 띨 앵 쌍트르 꼬메르씨얄 프레 딧씨

- 거기까지 얼마나 걸립니까?

  Combien de temps faut-il pour y aller ?
  꽁비엥 드 땅 포 띨 뿌르 이 알레

숙박객 방을 바꿀 수 있을까요?
Je peux changer de chambre ?
쥬 쁘 샹제 드 샹브르

직원 잠시만 기다리세요. 확인해 보겠습니다.
Attendez un moment, s'il vous plaît.
Je vais voir. 아땅데 앵 모망 씰 부 쁠래 주 배 부와르

숙박객 난방이 되지 않아 너무 춥습니다.
Le chauffage ne marche pas. Il fait trop froid. 르 쇼파쥬 느 마르슈 빠 일 패 트로 프루와

직원 스위치는 켰습니까?
Vous l'avez mis en marche ?
부 라베 미 장 마르슈

숙박객 에어컨이 고장났습니다.
La climatisation est en panne.
라 끌리마띠자씨옹 에 땅 빤

직원 죄송합니다. 곧 수리해 드리겠습니다.
Je vous demande pardon. Je m'en occupe tout de suite.
쥬 부 드망드 빠르동 쥬 망 오뀌쁘 뚜 드 쒸뜨

6 호텔 체크아웃

지금 체크아웃하고 싶습니다.
Je voudrais régler ma chambre maintenant. 쥬 부드래 레글레 마 샹브르 맹뜨낭

체크아웃

- 예정보다 하루 빨리 체크아웃하고 싶습니다.
  Je voudrais partir un jour plus tôt.
  쥬 부드래 빠르띠르 앵 쥬르 쁠뤼 또

- 체크아웃을 1시간 연장하고 싶습니다.
  Je voudrais libérer la chambre d'une heure plus tard.
  쥬 부드래 리베레 라 샹브르 뒨 외르 쁠뤼 따르

- 늦게 체크아웃할 겁니다.
  Je vais régler ma note plus tard.
  쥬 배 레글레 마 노뜨 쁠뤼 따르

- 하루 더 연장하고 싶은데요.
  Je voudrais rester un jour de plus.
  쥬 부드래 레스떼 앵 쥬르 드 쁠뤼쓰

- 며칠 더 숙박하고 싶습니다.
  Je voudrais rester quelques jours de plus.
  쥬 부드래 레스떼 껠끄 쥬르 드 쁠뤼쓰

계산하기

- 이 카드를 써도 됩니까?

    Acceptez-vous cette carte de crédit ?
    악쎕떼 부 쎄뜨 까르뜨 드 크레디

- 계산서를 합산해 주시겠어요?

    Pouvez-vous faire le total de ma note ?
    뿌베 부 패르 르 또딸 드 마 노뜨

- 영수증을 주세요.

    Le reçu, s'il vous plaît.
    르 르쒸 씰 부 쁠래

- 어떤 카드를 받습니까?

    Quelles cartes de crédit acceptez-vous ?
    껠 까르뜨 드 크레디 악쎕떼 부

- 즐겁게 보냈습니다.

    J'ai passé un trés bon séjour.
    줴 빠쎄 앵 트레 봉 쎄쥬르

- 현금으로 지불하겠습니다.

    Je vais payer en espèce.
    쥬 배 뻬이에 안 에스뻬쓰

숙박

계산 착오

- 청구서가 틀린 것 같군요.
  Il me semble qu'il y a une erreur.
  일 므 쌍블르 낄 리 아 윈 에뤠르

- 총액수가 안 맞는 것 같은데요.
  Il me semble que le total n'est pas exact.
  일 므 쌍블르 끄 르 또딸 네 빠 에그자

- 조금 많이 나온 것 같군요.
  Cette somme est un peu plus élevée que je le pensais.
  쎄뜨 쏨므 에 땅 쁘 쁠뤼 젤르베 끄 쥬 르 빵쎄

- 저는 룸서비스를 이용하지 않았는데, 청구서에 나와 있군요.
  Je n'ai pas appelé le room-service, mais c'est indiqué sur ma note.
  쥬 내 빠 아쁠레 르 룸쎄르비쓰 매 쎄 땡디께 쒸르 마 노뜨

- 이 서비스는 받지 않았는데요.
  Je n'ai pas demandé ce service.
  쥬 내 빠 드망데 쓰 쎄르비쓰

- 나는 그것을 주문하지 않았어요.
  Je ne l'ai pas commandé.
  쥬 느 래 빠 꼬망데

- 이 추가 요금은 뭔가요?
  Qu'est-ce que c'est que ce supplément ?
  께스 끄 쎄 끄 쓰 쒸쁠레망

짐

- 포터를 불러주세요.

  Envoyez-moi un porteur, s'il vous plaît.
  앙부와이에 무와 앵 뽀르뙤르 씰 부 쁠래

- 방에 가방을 두고 온 것 같아요.

  J'ai laissé ma valise dans ma chambre.
  줴 래쎄 마 발리즈 당 마 샹브르

- 제 가방을 2시까지 맡아주십시오.

  Gardez ma valise jusqu'à 2 heures, s'il vous plaît.
  가르데 마 발리즈 쥐스까 되 죄르 씰 부 쁠래

- 제 짐을 택시까지 들어주시겠어요?

  Pouvez-vous porter mes bagages jusqu'au taxi ?
  뿌베 부 뽀르떼 메 바가쥬 쥐스꼬 딱씨

- 택시를 불러주세요.

  Appelez-moi un taxi, s'il vous plaît.
  아쁠레 무와 앵 딱씨 씰 부 쁠래

숙박

❼ 유스호스텔

유스호스텔로 가는 길 좀 알려주시겠어요?
Pouvez-vous m'indiquer comment aller à l'auberge de jeunesse ?
뿌베 부 맹디께 꼬망 알레 아 로베르쥬 드 죄네쓰

 가는 길

- 공항에서 전화하는데요. 어떻게 가는지 알려주시겠어요?
  Je vous appelle de l'aéroport. Indiquez-moi comment y aller ? 쥬 부 자뻴 들 라에로뽀르 앵디께 무와 꼬망 이 알레

- 몇 번 버스를 타야 합니까?
  Quel bus dois-je prendre pour y aller ?
  껠 뷔쓰 두와 쥬 프랑드르 뿌르 이 알레

- 걸어서 얼마나 걸립니까?
  Combien de temps faut-il pour y aller à pied ?
  꽁비엥 드 땅 포 띨 뿌르 이 알레 아 삐에

- 오늘밤 6시까지 도착할 예정입니다.
  Je vais y arriver à six heures du soir au plus tard.
  쥬 배 이 아리베 아 씨 죄르 뒤 쑤와르 오 쁠뤼 따르

- 체크인이 끝나는 시간은 몇 시입니까?
  Je dois arriver au plus tard quand pour enregistrer ?
  쥬 두와 아리베 오 쁠뤼 따르 깡 뿌르 앙르지스트레

체류

- 여기서 오늘 밤 묵을 수 있나요?

  Il y a une place libre pour ce soir ?

  일 리 아 윈 쁠라쓰 리브르 뿌르 쓰 쑤와르

- 하루에 얼마인가요?

  C'est combien par nuit ?

  쎄 꽁비엥 빠르 뉘이

- 몇 일 묵으면 할인 안 되나요?

  Puis-je avoir une réduction si je reste plusieurs jours ?

  쀠 쥬 아부와르 윈 레뒥씨옹 씨 쥬 레스뜨 쁠뤼지에르 쥬르

- 아침식사는 얼마입니까?

  Combien coûte le petit déjeuner ?

  꽁비엥 꾸뜨 르 쁘띠 데죄네

- 하루 더 묵고 싶습니다.

  Je voudrais rester un jour de plus.

  쥬 부드래 레스떼 앵 쥬르 드 쁠뤼쓰

- 회원은 할인됩니까?

  Il y a une réduction pour les membres ?

  일 리 아 윈 레뒥씨옹 뿌르 레 망브르

- 주의할 사항이 있습니까?

  Il y a un réglement à respecter ?

  일 리 아 앵 레글르망 아 레쓰뻭떼

숙 박

시설 이용

- 락커 사용하는 방법을 알려주시겠어요?

    Comment fonctionne la consigne ?

    꼬망 퐁씨욘느 라 꽁씨니으

- 시트를 새로 얻을 수 있을까요?

    Je peux avoir un drap propre ?

    쥬 쁘 아부와르 앵 드라 프로프르

- 취사할 수 있나요?

    On peut faire la cuisine ?

    옹 쁘 패르 라 뀌진

- 오늘 밤 이용할 침대가 있습니까?

    Vous avez un lit disponible pour ce soir ?

    부 자베 앵 리 디스뽀니블 뿌르 쓰 쑤와르

- 세탁기가 있나요?

    Il y a une machine à laver ?

    일 리 아 윈 마쉰 아 라베

- 근처에 수퍼마켓이 있나요?

    Il y a un supermarché près d'ici ?

    일 리 아 앵 쒸뻬르마르셰 프레 딧씨

- 샤워기는 언제 사용할 수 있나요?

    Quand peut-on utiliser la douche ?

    깡 쁘 똥 위띨리제 라 두슈

명소·볼거리

◘ 소르본 대학(La Sorbonne)

우리에게 잘 알려진 소르본 대학은 원래 1253년 로베르 드 소르본(Robert de Sorbonne)에 의해서 창설된 신학교에서부터 시작되었다. 오늘날 파리대학의 본부이며, 예배당과 도서관, 고문서 학원 등을 총괄하여 소르본 대학이라 부른다. 파리 제 3, 4 대학이 들어서 있다. 젊은 대학생들로 활기 넘치는 생 미셸 가 라틴 구 중심에 위치한 소르본 대학 주변에는 수많은 영화관들과 까페, 음식점, 서점 등이 들어서 있다.

뤽상부르 공원(Jardin du Luxembourg)

소르본 대학 가까이 위치한 뤽상부르 공원은 파리에서 가장 넓은 시민공원이다. 로마시대에는 귀족들이 산책하며 즐기던 곳으로, 13세기에 수도원이 들어서면서 과일밭과 채소밭도 일궈졌으며 지금도 그 모습을 찾아볼 수 있다. 공원 안에는 곳곳에 조각상이 있는데 그 중에서 1886년에 세워진 바르뜰디의 자유의 여신상 모형이 볼 만하다. 원래 앙리 4세의 왕비인 마리 드 메디시스를 위해 지은 이탈리아 토스카나풍의 궁전도 있으며, 현재는 그곳을 상원의원들이 사용하고 있다. 해 좋은 날이면 벤치에 나와 한가롭게 책을 읽거나 여유를 즐기는 파리 시민들의 모습을 볼 수 있다.

명소 · 볼거리

◯ 개선문(Arc de Triomphe)

나폴레옹 1세가 전쟁에서의 승리를 기념하기 위하여 1806년 개선문을 세울 것을 명령하였다. 고대 로마의 개선문 형태를 본뜬 이 문의 표면에는 나폴레옹 군대의 승리를 그린 그림과 600여 명의 장군의 이름이 새겨져 있다. 또한 나폴레옹은 죽은 후 관에 누워서 이곳을 통과하였으며, 1차 세계대전 승리 후 이곳을 군인들이 행진하여 지나가기도 하였다. 엘리베이터나 계단을 이용해서 꼭대기에 올라가면 파리 시내의 모습을 볼 수 있다.

샹젤리제 거리(Avenue des Champs-Elysees)

개선문을 중심으로 12개의 도로가 사방으로 뻗어 있는데 이곳은 1970년 이후 샤를 드골 장군의 죽음을 애도하기 위해 샤를 드골 에뚜왈 광장으로 이름이 붙여졌다. 샹젤리제는 샤를 드골 에뚜왈 광장 근처의 파리에서 가장 화려한 거리로 일컬어지는 곳이다. 영화관과 카페, 쇼핑몰들이 길가 양편에 있으며, 여름철 관광 시즌에는 파리 시민들보다는 관광객들로 만원을 이룬다. "푸께 Fouquet"라는 카페는 유명 연예인들의 출입이 잦았던 곳으로 실내장식이 국가문화재로 지정될 정도로 흥미로운 것이다.

식사

1. 레스토랑 예약과 안내
2. 식사 주문
3. 음식
4. 식탁에서
5. 후식(디저트) 주문
6. 음료 주문
7. 패스트푸드점
8. 계산하기

❶ 레스토랑 예약과 안내

오늘 저녁 4인석으로 예약 부탁드립니다.

Je voudrais réserver une table pour 4 personnes pour dîner, ce soir.

쥬 부드래 레제르베 윈 따블 뿌르 꺄트르 빼르쏜 뿌르 디네 쓰 쑤와르

 유용한 표현

- 예약해야 합니까?

  Il faut réserver ?

  일 포 레제르베

- 전망이 좋은 테이블로 부탁합니다.

  Je voudrais une table avec une belle vue, s'il vous plaît.   쥬 부드래 윈 따블 아베끄 윈 벨 뷔 씰 부 쁠래

- 금연석으로 주세요.

  Je voudrais une table non fumeur.

  쥬 부드래 윈 따블 농 퓌뫼르

- 언제 도착하실 건가요?

  Quand est-ce que vous allez arriver ?

  깡 페쓰 끄 부 잘레 아리베

- 죄송하지만 예약시간을 맞출 수 없을 것 같아요.

  Je suis désolé(e), mais je ne peux pas arriver à l'heure à laquelle j'ai réservé.

  쥬 쒸 데졸레 매 쥬 느 쁘 빠 아리베 아 뢰르 알 라껠 줴 레제르베

- 예약을 취소하고 싶습니다.

  Je voudrais annuler ma réservation.

  쥬 부드래 아뉠레 마 레제르바씨옹

- 4명이 앉을 자리가 있습니까?

  Une table pour quatre personnes, s'il vous plaît ?

  윈 따블 뿌르 꺄트르 뻬르쏜 씰 부 쁠래

- 8시로 예약한 김민수입니다.

  J'ai réservé une table pour 8 heures au nom de Kim Min-Soo.

  줴 레제르베 윈 따블 뿌르 위 뙤르 오 농 드 김민수

- 창가에 앉고 싶어요.

  Je voudrais une table près de la fenêtre.

  쥬 부드래 윈 따블 프레 들 라 프네트르

- 어느 정도 기다려야 합니까?

  Combien de temps doit-on attendre ?

  꽁비엥 드 땅 두와 똥 아땅드르

식
사

깜짝센스

레스토랑 영업시간

한국의 식당은 하루종일 문을 열지만 프랑스의 식당은 식사 시간에만 영업한다. 레스토랑은 새벽 1-2시까지 문을 여는 경우가 많이 있다.

여행자	식사 예약을 하고 싶습니다. **Je voudrais réserver une table pour ce soir.** 쥬 부드레 레제르베 윈 따블 뿌르 쓰 쑤와르
예약부	몇 시에 하시길 바랍니까? **A quelle heure ?** 아 껠 뢰르
여행자	8시에 하려고 합니다. **A huit heures.** 아 위 뙤르
예약부	좋습니다. 몇 분이십니까? **D'accord. Vous êtes combien ?** 다꼬르 부 제뜨 꽁비엥
여행자	네 명입니다. **Nous sommes quatre.** 누 쏨므 까트르 정장을 해야 합니까? **Tenue correcte exigée ?** 뜨뉘 꼬렉뜨 에그지제
예약부	예. 정장을 하셔야 합니다. **Oui.** 위

레스토랑

전문 레스토랑(치즈, 생선 등), 스낵 음식점, 다양한 전통 음식... 전형적인 프랑스 음식-툴루즈의 카술레(Cassoulet-고기와 닭 같은 가금류를 넣은 흰 콩 스튜), 알자스 지방의 슈크루트(Choucroute), 포테 오베르냐트(Potée auvergnate-고기와 야채 스튜), 마르세유의 부이야베스(Bouillabaisse), 뵈프 부르기뇽(Boeuf Bourguignon), 그리고 스테이크와 감자 튀김 등이 있다.

레스토랑에서는 전채, 주요리, 디저트가 포함된 Menu(고정된 메뉴의 식사)와 '알 라 카르트' (à la carte-요리를 스스로 선택하는) 중에서 선택할 수 있다. 빵과 식사 도구 등은 가격에 포함되어 있고, 물은 서비스 받을 수 있다. 가격은 모든 세금과 서비스 요금(15%)이 포함되어 있지만 별도로 팁을 주는 것이 좋다.

▲ 프랑스 레스토랑

❷ 식사 주문

저것과 같은 것으로 주세요.
Donnez-moi le même plat que celui-là.
도네 무와 르 멤므 쁠라 끄 쓸뤼 라

 유용한 표현

- 추천 요리는 뭡니까?
  Qu'est-ce que vous me conseillez ?
  께쓰 끄 부 므 꽁쎄이에

- 오늘의 요리는 무엇입니까?
  Quel est le plat du jour ?
  껠 에 르 쁠라 뒤 주르

- 메뉴를 주세요.
  La carte, s'il vous plaît.
  라 까르뜨 씰 부 쁠래

- 주문해도 됩니까?
  Je peux commander ?
  쥬 쁘 꼬망데

- 여기 주문 받으세요.
  Puis-je commander ?
  쀠쥬 꼬망데

- 스페셜 요리는 무엇입니까?

  Quelle est la spécialité de la maison ?
  껠 에 라 스뻬씨알리떼 들 라 매종

- 같은 걸로 주십시오.

  La même chose pour moi.
  라 멤므 쇼즈 뿌르 무와

- 고기로 드시겠습니까, 생선으로 드시겠습니까?

  Vous désirez du bœuf ou du poisson ?
  부 데지레 뒤 뵈프 우 뒤 뿌와쏭

- 주문을 변경해도 됩니까?

  Je peux changer ma commande ?
  쥬 쁘 샹제 마 꼬망드

- 세트메뉴 있습니까?

  Vous avez un menu à prix fixe ?
  부 자베 앵 므뉘 아 프리 픽쓰

- 실례합니다. 드시고 계시는 것은 뭐라고 합니까?

  Excusez-moi, quel est le nom du plat que vous prenez ?
  엑스뀌제 무와 껠 에 르 농 뒤 쁠라 끄 부 프르네

- 그리고 물 한 주전자 주세요.(수돗물의 경우)

  Une carafe d'eau, s'il vous plaît.
  윈 까라프 도 씰 부 쁠래

식사

손님 메뉴를 보고 싶은데요.
La carte, s'il vous plaît.
라 까르뜨 씰 부 쁠래

웨이터 메뉴 여기 있습니다.
La voilà.
라 부왈라

손님 야채스프와 스테이크를 주세요.
Veuillez me donner une soupe de légumes et un steak.
뵈이예 므 도네 윈 쑤쁘 드 레귐 에 앵 스떼끄

웨이터 야채는 무엇을 드시겠습니까?
Que désirez-vous comme légume ?
끄 데지레 부 꼼므 레귐

손님 감자튀김을 주세요. 그리고 맥주 한 병이요.
Des frites et une bouteille de bière, s'il vous plaît.
데 프리뜨 에 윈 부떼이 드 비에르 씰 부 쁠래

웨이터 알았습니다. 손님.
D'accord.
다꼬르

깜짝센스

식당에서 물도 주문한다?

프랑스의 식당은 레스토랑, 비스트로 등으로 나뉘는데, 카페에서도 간단한 식사는 할 수 있다. 그런데 우리나라 식당에서처럼 아무 생각 없이 물을 달라고 했다가는 나중에 계산서에 물값이 포함된 것을 보고 깜짝 놀라게 될 것이다. 음식과 함께 물을 주문하면 대부분 미네랄 워터를 가져다 주고 물값을 받기 때문이다. 하지만 프랑스에도 공짜로 마시는 물이 있다. 파리의 수돗물이 그것으로 "윈 꺄라프 도 씰 부 쁠래(une carafe d'eau, s'il vous plaît)"하면 유리병에 담긴 물을 가져다 준다.

지역별 프랑스 요리

- 까르빵뜨라(Carpentras)의 베를렝고(Berlingot): 박하를 입힌 사탕
- 엑스(Aix)의 깔리송(Calisson): 아몬드 페이스트
- 니스(Nice)의 설탕에 절인 과일과 루제 오 장슈아(Rouget aux anchois): 안초비와 생선 요리
- 렌느(Rennes)의 프랄린(Praline): 설탕에 절인 호도과자
- 깡브레(Cambrai)의 베띠즈(Bêtise)
- 낭뜨(Nantes)의 쁘띠 비스뀌(Petits Biscuits)
- 브르타뉴(Bretagne)의 크레쁘 등
- 오베르뉴(Auvergne)나 로렌느(Lorraine)지방의 스튜 요리
- 염소와 양젖으로 만든 360여 종류의 치즈
- 마르세이유에서의 부이야베스(Bouillabaisse): 생선스프
- 부르고뉴(Bourgogne)의 에스까르고(Escargot: 달팽이요리)와 뵈프 부르기뇽(Boeuf Bourguignon : 부르고뉴산 송아지 고기)
- 콕오뱅(Coq au vin) : 포도주를 넣어 만든 닭고기 요리
- 알자스의 슈크루트 가르니(Choucroute Garnie): 햄과 소시지를 곁들인 양배추 절임

식사

❸ 음식

정말 맛있네요.
C'est vraiment délicieux.
쎄 브래망 델리씨유

유용한 표현

- 잘 안 익었는데요.
  Ce n'est pas assez cuit.
  쓰 네 빠 자쎄 뀌

- 주문한 음식이 아직 안 나왔어요.
  Les plats commandés ne sont pas encore arrivés.
  레 쁠라 꼬망데 느 쏭 빠 장꼬르 아리베

- 이것은 제가 주문한 것이 아닌데요.
  Ce n'est pas ce que j'ai commandé.
  쓰 네 빠 쓰 끄 줴 꼬망데

- 다시 가져가 주시겠습니까?
  Pouvez-vous le remporter s'il vous plaît ?
  뿌베 부 르 랑뽀르떼 씰 부 쁠래

- 싱겁군요.
  Ce n'est pas assez salé.
  쓰 네 빠 자쎄 쌀레

- 냄새가 이상한데요.
  L'odeur est bizarre.
  로도르 에 비자르

- 남은 음식을 포장해 주시겠어요?
  Pouvez-vous m'emballer ceci, s'il vous plaît ?
  뿌베 부 망발레 쓰씨 씰 부 쁠래

- 이것은 신선하지 않아요.
  Ce n'est pas frais.
  쓰 네 빠 프래

- 내가 좋아하는 맛이 아니에요.
  Ce n'est pas mon goût.
  쓰 네 빠 몽 구

식사

깜짝센스

식사예절

- 스프나 커피 등을 마실 때는 소리를 내지 않는 것이 예의이다. 재채기를 하거나 코를 요란하게 푸는 것은 그다지 큰 실수가 되지 않지만 식사 후 이를 쑤시거나, 소리 내어 트림하는 것은 큰 실수가 된다. 특히 한국인들이 거리에 함부로 침을 뱉는 행위를 가장 싫어한다고 한다.

- 식사 후 식탁에 냅킨을 구겨 놓아야 맛있게 먹었다는 표시이다. 나이프와 포크를 한편으로 가지런히 모아 두는 방법도 있다.

손님 음식에 머리카락이 들어 있어요.
Il y a un cheveu dans mon plat.
일 리 아 앵 슈뵈 당 몽 쁠라

웨이터 정말 죄송합니다. 새걸로 다시 가져다 드리겠습니다.
Je suis vraiment désolé(e). Je vous en apporterai un autre.
쥬 쒸 브래망 데졸레 쥬 부 장 아뽀르트레 앵 오토르

손님 고기가 잘 안 익었는데요.
La viande n'est pas assez cuite.
라 비앙드 네 빠 자쎄 뀌뜨

웨이터 충분히 익혀달라고 하셨나요?
Vous avez commandé "bien cuit" ?
부 자베 꼬망데 비엥 뀌

테이블 세팅

식 사

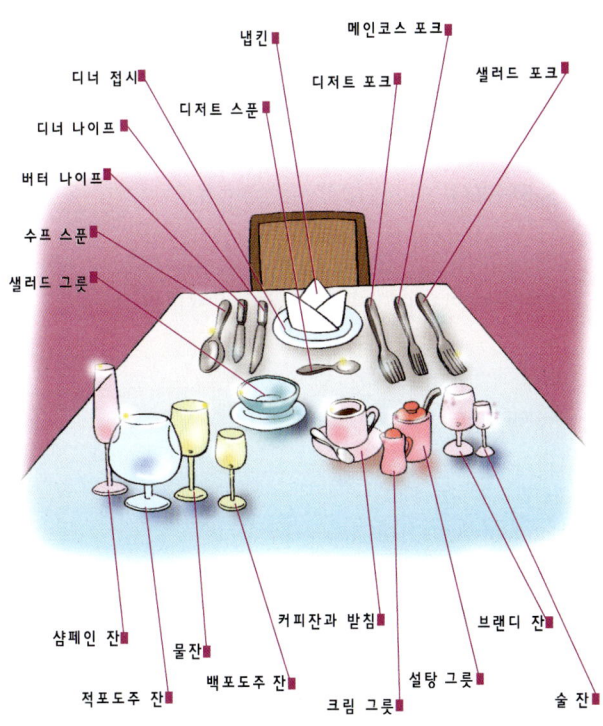

- 냅킨
- 메인코스 포크
- 디너 접시
- 디저트 포크
- 샐러드 포크
- 디저트 스푼
- 디너 나이프
- 버터 나이프
- 수프 스푼
- 샐러드 그릇
- 샴페인 잔
- 물잔
- 커피잔과 받침
- 브랜디 잔
- 적포도주 잔
- 백포도주 잔
- 설탕 그릇
- 술 잔
- 크림 그릇

❹ 식탁에서

소금 좀 집어주세요.
Passez-moi le sel, s'il vous plaît.
빠쎄 무와 르 쎌 씰 부 쁠래

유용한 표현

- 빵을 더 주세요.

  Donnez-moi encore du pain, s'il vous plaît.
  도네 무와 앙꼬르 뒤 뺑 씰 부 쁠래

- 담배를 피워도 되겠습니까?

  Je peux fumer ?
  쥬 쁘 퓌메

- 포크를 새로 가져다 주세요.

  Une fourchette, s'il vous plaît.
  윈 푸르셰뜨 씰 부 쁠래

- 숟가락을 떨어뜨렸습니다.

  J'ai laissé tomber une cuillère.
  줴 래쎄 똥베 윈 뀌이에르

- 리필해 주십시오.

  Vous pouvez me le resservir ?
  부 뿌베 므 르 르쎄르비르

- 테이블 좀 치워주시겠어요?

  Vous pouvez débarrasser la table ?

  부 뿌베 데바라쎄 라 따블

- 남은 것을 포장해 주시겠어요?

  Pouvez-vous emballer ce qui reste ?

  뿌베 부 앙발레 쓰 끼 레스뜨

- 냅킨 좀 가져다 주시겠어요?

  Pouvez-vous m'apporter des serviettes ?

  뿌베 부 마뽀르떼 데 쎄르비에뜨

- 필요하면 부르겠습니다.

  Je vais vous appeler quand j'en aurai besoin.

  쥬 배 부 자쁠레 깡 쟌 오래 브주앵

- 소금 다 쓰면 나한테 줄래요?

  Passez-moi le sel quand vous aurez fini de vous servir ?

  빠쎄 무와 르 쎌 깡 부 조레 피니 드 부 쎄르비르

깜짝센스

프랑스인들의 식습관

프랑스 음식은 어느 곳에서나 항상 빵과 함께 서브되고 와인과 물도 동반된다. 콜라 같은 음료를 마시는 경우는 거의 없지만 아이들을 동반했을 때는 가끔 탄산음료를 주문하기도 한다. 많은 프랑스인들이 식사 중에 식탁에서 담배를 피우며 식탁에 앉으면 시간에 구애받지 않고 많은 대화를 나눈다.

❺ 후식(디저트) 주문

디저트로는 무엇이 있습니까?
Qu'est-ce que vous avez comme dessert ?
께쓰 끄 부 자베 꼼므 데쎄르

유용한 표현

- 디저트로 애플파이를 주세요.
  Comme dessert, je prendrai une tarte aux pommes.
  꼼므 데쎄르 쥬 프랑드래 윈 따르뜨 오 뽐

- 아이스 크림과 과일이 있습니다.
  Nous avons de la glace et des fruits comme dessert.
  누 자봉 들 라 글라쓰 에 데 프뤼 꼼므 데쎄르

- 디저트로 뭘 드시겠습니까?
  Que désirez-vous comme dessert ?
  끄 데지레 부 꼼므 데쎄르

- 지금 디저트를 주문하시겠습니까?
  Voulez-vous commander le dessert maintenant ?
  불레 부 꼬망데 르 데쎄르 맹뜨낭

- 식사에 디저트가 포함되어 있나요?
  Le dessert est inclu dans le menu ?
  르 데쎄르 에 땡끌뤼 당 르 므뉘

- 디저트는 생략하겠습니다.

    Je ne prends pas de dessert.
    쥬 느 프랑 빠 드 데쎄르

- 배가 불러서 디저트는 못 먹을 것 같아요.

    Je n'ai plus faim, je ne pense pas prendre de dessert.
    쥬 내 쁠뤼 팽 쥬 느 빵쓰 빠 프랑드르 드 데쎄르

- 치즈 좀 더 주시겠어요?

    Je peux avoir un peu plus de fromage ?
    쥬 쁘 아부와르 앵 쁘 쁠뤼 드 프로마쥬

식 사

 어 휘

· 디저트로	comme dessert	꼼므 데쎄르
· 치즈	fromage	프로마쥬
· 아이스크림	glace	글라쓰
· 과일	fruit	프뤼

185

❻ 음료 주문

음료수는 무엇이 있습니까?
Qu'est-ce que vous avez comme boisson ?
께쓰 끄 부 자베 꼼므 부와쏭

유용한 표현

- 식사 전에 마실 만한 것 없나요?

    Vous avez quelque chose à boire avant le repas ?
    부 자베 껠끄 쇼즈 아 부와르 아방 르 르빠

- 와인 리스트를 보여주시겠어요?

    La carte des vins, s'il vous plaît ?
    라 까르뜨 데 뱅 씰 부 쁠래

- 백포도주 한 잔 부탁드립니다.

    Un verre de vin blanc, s'il vous plaît.
    앵 베르 드 뱅 블랑 씰 부 쁠래

- 칵테일에는 어떤 종류가 있나요?

    Quelles sortes de cocktails avez-vous ?
    껠 쓰르뜨 드 꼭뗄 아베 부

- 식전/식후에 커피를 마시고 싶은데요.

    Je voudrais prendre un café avant/après le repas.
    쥬 부드래 프랑드르 앵 까페 아방/아프레 르 르빠

- 커피 좀 더 마실 수 있을까요?
  Je peux avoir encore du café ?
  쥬 쁘 아부와르 앙꼬르 뒤 까페

- 물 좀 더 주세요.
  Encore de l'eau, s'il vous plaît.
  앙꼬르 들 로 씰 부 쁠래

- 콜라 리필해 주시겠어요?
  Vous pouvez me resservir du coca ?
  부 뿌베 므 르쎄르비르 뒤 꼬까

식사

간단한 음료를 마시고 싶을 때

카페, 바, 와인바, 맥주바, 쌀롱 드 떼, 비스트로 등에서 마실 수 있다. 카운터에서 마시는 음료가 더 저렴하다.

가격은 자유 정찰제이므로 가게에 따라 차이가 난다. 그러나 가격은 반드시 공시되어야 하며, 서비스료와 세금도 포함되어야 한다. 어떤 곳에서는 저녁 10시 이후 추가 요금이 붙는 경우도 있다. 이밖에 미국 체인점인 플라넷 할리우드(Planete Hollywood)와 하드락 카페(Hard Rock Cafe)가 있다.

❼ 패스트푸드점

햄버거와 콜라를 주세요.
Un hamburger et un coca, s'il vous plaît.
앵 앙뷔르게 에 앵 꼬까 씰 부 쁠래

 유용한 표현

- B세트 하나 주세요.
  Le menu B, s'il vous plaît.
  르 므뉘 베 씰 부 쁠래

- 감자튀김 있나요?
  Vous avez des frites ?
  부 자베 데 프리뜨

- 가지고 갈 겁니까, 여기서 먹을 겁니까?
  A emporter ou à consommer sur place ?
  아 앙뽀르떼 우 아 꽁쏘메 쒸르 쁠라쓰

- 여기서 먹을 거에요.
  A consommer sur place.
  아 꽁쏘메 쒸르 쁠라쓰

- 빨대가 없네요.
  Il n'y a pas de pailles.
  일 니 아 빠 드 빠이

- 앉을 곳이 있나요?

    Il y a des places à s'asseoir ?
    일 리 아 데 쁠라쓰 아 싸쑤와르

- 콜라에 얼음을 더 넣어주시겠어요?

    Pouvez-vous mettre un peu plus de glaçons dans mon coca ?
    뿌베 부 메트르 앵 쁘 쁠뤼 드 글라쏭 당 몽 꼬꺄

- 음료수에서 얼음은 빼 주세요.

    Pas de glaçons dans ma boisson, s'il vous plaît.
    빠 드 글라쏭 당 마 부와쏭 씰 부 쁠래

- 빅맥 햄버거하고 콜라 큰 것으로 하나 주세요.

    Un Big Mac et un grand coca, s'il vous plaît.
    앵 빅막 에 앵 그랑 꼬꺄 씰 부 쁠래

- 가지고 가게 싸 주시겠어요?

    A emporter, s'il vous plaît.
    아 앙뽀르떼 씰 부 쁠래

식
사

 어 휘

· 햄버거	hamburger	앙뷔르게
· 콜라	coca	꼬꺄
· 빨대	paille	빠이
· 가지고 가다	à emporter	아 앙뽀르떼
· 매장에서 먹다	à consommer sur place	아 꽁쏘메 쒸르 쁠라스

❽ 계산하기

계산을 해 주세요.
L'addition, s'il vous plaît.
라디씨옹 씰 부 쁠래

유용한 표현

- 선불입니까?
  Je dois payer d'avance?
  쥬 두와 뻬이에 다방쓰

- 여행자수표나 신용카드 받습니까?
  Vous acceptez les chèques de voyage ou la carte de crédit ? 부 작쎕떼 레 셰끄 드 부와야쥬 우 라 까르뜨 드 크레디

- 계산서는 봉사료가 포함된 건가요?
  Le service est compris ?
  르 쎄르비쓰 에 꽁프리

- 제가 내겠습니다.
  Je vais payer.
  쥬 베 뻬이에

- 계산은 따로따로 부탁합니다.
  Nous voulons payer séparément.
  누 불롱 뻬이에 쎄빠레망

식사 코스

전통적인 프랑스식 점심이나 저녁식사는 다음 순서로 서브된다.

- **Aéritif**
  식욕을 돋우는 달고 약한 알콜성 음료. 이때 올리브나 방울토마토, 칩과 같은 간단한 안주가 나오기도 한다.
- **Entrée**
  전식으로 스프나 여러 가지 채소 샐러드, 살라미, 소시지나 햄 같은 샤뀌뜨리가 나오는 경우가 많다.
- **Plat principal**
  주요리로서 육류 혹은 가금류의 고기나 생선 요리가 전부 소스를 동반해서 감자(삶거나 튀긴), 밥, 콩, 시금치, 당근 등의 채소류와 함께 서빙된다. 이때 주요리 재료에 따라 고기에는 적포도주, 생선에는 백포도주가 서빙된다.
- **Fromage**
  그린 샐러드와 함께 나오거나 샐러드 없이 치즈만 나오는데 대개 여러 지방의 치즈 몇 가지를 한꺼번에 내놓는다.
- **Dessert**
  파이나 케피 및 아이스크림, 파일 등을 디저트로 먹는다.
- **Digestif와 café**
  디저트 이후에 기호에 따라 Digestif(소화를 돕기 위한 식후 알콜성 음료)와 더불어 커피가 서빙된다. 커피를 마실 때는 쵸콜렛을 내오는 경우가 있다.

▲ 프랑스 패스트 푸드점

명소·볼거리

◘ 파리의 미술관 기행

파리에는 수없이 많은 크고 작은 미술관들이 들어서 있어 미술에 관심이 있는 관광객들에게는 그야말로 미술의 보고나 다름없는 곳이다. 그러나 짧은 일정으로 여행하는 관광객들이 모든 미술관에 들를 수도 없는 일. 어떤 미술관에 어떤 작품이 전시되어 있는지를 살펴서 자기 취향대로 선택할 수밖에 없다.

파리에 있는 대표적인 대규모 미술관으로는 왕궁으로 사용되다 박물관으로 바뀐 루브르와 센 강 변의 기차역이었다가 미술관으로 개조된 오르쎄 그리고 퐁피두 센터 내에 있는 현대 미술관을 꼽을 수 있다. 이 세 미술관은 시대별로 작품이 전시되어 있는데 고대부터 19세기 낭만주의까지의 그림들은 루브르에, 인상주의와 후기인상주의를 비롯한 19세기 후반부 작품들은 오르쎄에, 입체파와 야수파를 비롯해 1960년대의 팝 아트를 거쳐 현대에 이르는 현대 미술의 걸작들은 현대 미술관에 전시되어 있다.

각각의 미술관 역시 짧은 시간에 꼼꼼히 살피기에는 방대한 규모이니 각 미술관에 비치되어 있는 팜플렛을 통해 꼭 보고자 하는 작품들은 놓치는 일이 없어야겠다.

관광

1. 관광 안내소
2. 여행 자료
3. 길 안내
4. 사진 촬영
5. 미술관·박물관
6. 공연장
7. 영화관
8. 스포츠와 레포츠
9. 술집
10. 디스코장

❶ 관광 안내소

여기서 예약할 수 있습니까?
Je peux faire la réservation ici ?
쥬 쁘 패르 라 레제르바씨옹 이씨

 관광 예약

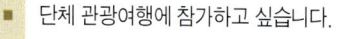

- 단체 관광여행에 참가하고 싶습니다.
  Je voudrais participer à une excursion organisée.
  쥬 부드래 빠르띠씨뻬 아 윈 엑쓰뀌르씨옹 오르가니제

- 야간 관광이 있습니까?
  Y a-t-il des excursions nocturnes ?
  이 아 띨 데 젝쓰뀌르씨옹 녹뛰른느

- 이곳에서 여행 신청을 할 수 있나요?
  Je peux m'inscrire ici à des voyages organisés ?
  쥬 쁘 맹스크리르 이씨 아 데 부와야쥬 오르가니제

- 옵션투어에 참가하고 싶습니다.
  Je voudrais participer à une visite en option.
  쥬 부드래 빠르띠씨뻬 아 윈 비지뜨 안 옵씨옹

- 이번 주 토요일로 예약하겠습니다.
  Je vais faire la réservation pour ce samedi.
  쥬 배 패르 라 레제르바씨옹 뿌르 쓰 쌈므디

시내 관광

- 시내 관광이 있나요?

  Y a-t-il des visites organisées de la ville ?

  이 아 띨 데 비지뜨 오르가니제 들 라 빌

- 하루 관광이 있습니까?

  Vous avez une excursion qui dure une journée ?

  부 자베 윈 엑쓰뀌르씨옹 끼 뒤르 윈 쥬르네

- 어떤 투어가 인기 있습니까?

  Quelles sont les excursions les plus demandées ?

  껠 쏭 레 젝쓰뀌르씨옹 레 쁠뤼 드망데

- 정원은 몇 명인가요?

  Combien de personnes y participent ?

  꽁비엥 드 뻬르쏜 이 빠르띠씨쁘

- 시간은 얼마나 걸립니까?

  La visite dure combien de temps ?

  라 비지뜨 뒤르 꽁비엥 드 땅

- 어디에서 숙박하나요?

  Où est-ce qu'on va dormir ?

  우 에쓰 꽁 바 도르미르

- 언제 출발하나요?

  A quelle heure est le départ ?

  아 껠뢰르 에 르 데빠르

가이드

- 가이드가 동행하나요?
  C'est une visite guidée ?
  쎄 뛴 비지뜨 기데

- 가이드관광을 하고 싶어요.
  Je voudrais faire une visite guidée.
  쥬 부드래 패르 윈 비지뜨 기데

- 시내관광 안내를 부탁합니다.
  Je voudrais visiter la ville.
  쥬 부드래 비지떼 라 빌

- 한국인 가이드가 있습니까?
  Pourrais-je avoir un guide qui parle coréen ?
  뿌래 쥬 아부와르 앵 기드 끼 빠를르 꼬레엥

- 관광할 곳을 알려주세요.
  Indiquez-moi les endroits qu'on va visiter.
  앵디께 무와 레 장드루와 꽁 바 비지떼

- 하루에 그곳에 다녀올 수 있습니까?
  Est-ce qu'on peut faire l'aller et retour en une journée ?
  에쓰 꽁 쁘 패르 랄레 에 르뚜르 앙 윈 쥬르네

 **교통편**

- 시내는 어떻게 갑니까?

    Comment va-t-on au centre-ville ?
    꼬망 바 똥 오 쌍트르 빌

- 버스를 기다리는 곳은 어디입니까?

    Où est-ce qu'on attend l'autocar ?
    우 에쓰 꼰 아땅 로또까르

- 몇 시 출발인가요?

    A quelle heure part-on?
    아 껠뢰르 빠르 똥

- 루브르 앞에서 탈 수 있나요?

    Je peux prendre l'autocar devant le musée du Louvre ?
    쥬 쁘 프랑드르 로또까르 드방 르 뮈제 뒤 루브르

- 걸어서 갈 수 있습니까?

    On peut y aller à pied ?
    옹 쁘 이 알레 아 삐에

- 이 지도에 표시를 해 주시겠습니까?

    Pouvez-vous me l'indiquer sur la carte ?
    뿌베 부 므 랭디께 쒸르 라 까르뜨

- 오스텔리츠 역은 어디입니까?

    Où est la gare d'Austerlitz ?
    우 에 라 갸르 도쓰떼를리쯔

관광

여행지 추천

- 가볼 만한 장소를 추천해 주십시오.

  Pouvez-vous me recommander quelques endroits à visiter ? 뿌베 부 므 르꼬망데 껠끄 장드루와 아 비지떼

- 재미있는 장소를 추천해 주시겠어요?

  Pouvez-vous me recommander quelques endroits intéressants à voir ? 뿌베 부 므 르꼬망데 껠끄 장드루와 앵떼레쌍 아 부와르

- 명소나 유적이 있나요?

  Y a-t-il des monuments historiques ou des sites touristiques ? 이 아 띨 데 모뉘망 이스또리끄 우 데 씨뜨 뚜리스띠끄

- 그곳은 무엇으로 유명합니까?

  Cet endroit est connu pour quoi ? 쎄 땅드루와 에 꼬뉘 뿌르 꾸와

- 색다른 곳을 가르쳐 주시겠습니까?

  Pouvez-vous me conseiller quelques monuments de particulier à visiter ? 뿌베 부 므 꽁쎄이에 껠끄 모뉘망 드 빠르띠뀔리에 아 비지떼

- 이 도시의 구경거리를 추천해 주시겠어요?

  Vous pouvez me conseiller des choses à voir dans cette ville ? 부 뿌베 므 꽁쎄이에 데 쇼즈 아 부와르 당 쎄뜨 빌

- 교외의 구경거리를 가르쳐 주시겠어요?

  Vous pouvez me conseiller des choses à voir dans les environs ? 부 뿌베 므 꽁쎄이에 데 쇼즈 아 부와르 당 레 장비롱

여행 일정

- 몇 시에 어디에서 기다리면 됩니까?

  On attend où et à quelle heure ?
  온 아땅 우 에 아 껠리르

- 점심 포함입니까?

  Le déjeuner est compris ?
  르 데죄네 에 꽁프리

- 이 여행에 대해 자세히 말해 주십시오.

  Dites-moi les détails de cette excursion.
  디뜨 무와 레 데따이 드 쎄뜨 엑쓰뀌르씨옹

- 옵션 관광이 있나요?

  Vous avez des visites en option ?
  부 자베 데 비지뜨 안 옵씨옹

- 교통편은 무엇을 이용합니까?

  Quel moyen de transport va-t-on utiliser ?
  껠 무와이엥 드 트랑쓰뽀르 바 똥 위띨리제

깜짝센스

한국인 가이드를 받으려면

프랑스 정부에서 공인하는 한국인 가이드 협회에서 여행자를 위한 가이드 서비스를 한다. 비즈니스 목적의 방문일 경우, 전문 기관의 통역 서비스까지 가능하다. 여행 전에 연락을 하면 공항에서 편하게 프랑스 여행을 시작할 수 있다.

- 협회 대표 전화 : (33) 01-48-06-71-86
- 팩스 : (33) 01-48-06-71-86
- 예약 이메일 : paris@coom.com

관광

❷ 여행 자료

관광안내 책자를 주십시오.
Un dépliant touristique, s'il vous plaît.
앵 데쁠리앙 뚜리스띠끄 씰 부 쁠래

유용한 표현

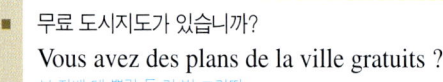

- 무료 도시지도가 있습니까?

  Vous avez des plans de la ville gratuits ?
  부 자베 데 쁠랑 들 라 빌 그라뛰

- 관광지도를 얻을 수 있을까요?

  Je peux avoir un plan touristique ?
  쥬 쁘 아부와르 앵 쁠랑 뚜리스띠끄

- 번화가의 지도가 있나요?

  Vous avez un plan du centre-ville ?
  부 자베 앵 쁠랑 뒤 쌍트르 빌

- 이 팜플렛 한 권을 가져도 될까요?

  Je peux avoir une brochure ?
  쥬 쁘 아부와르 윈 브로쉬르

- 버스 노선도가 있습니까?

  Vous avez un itinéraire des bus ?
  부 자베 앵 이띠네래르 데 뷔쓰

- 이 지역의 안내서를 얻고 싶어요.

  Je voudrais avoir une brochure sur la région.
  쥬 부드래 아부와르 윈 브로쉬르 쒸르 라 레지옹

- 시내 지도를 주시겠습니까?

  Je peux avoir un plan de la ville ?
  쥬 쁘 아부와르 앵 쁠랑 들 라 빌

- 공공 교통기관의 노선표가 있습니까?

  Vous avez une carte des itinéraires des transports en commun ? 부 자베 윈 까르뜨 데 지띠네래르 데 트랑쓰뽀르 앙 꼬묑

- 관광 버스 시간표는 있습니까?

  Vous avez une brochure des horaires des autocars ?
  부 자베 윈 브로쉬르 데 조래르 데 조또까르

관 광

어 휘

· 무료	gratuit	그라뛰
· 관광지도	plan touristique	쁠랑 뚜리스띠끄
· 여행안내책자	dépliant touristique	데쁠리앙 뚜리스띠끄
· 시간표	horaire	오래르

❸ 길 안내

여기가 어디입니까?
Où suis-je maintenant ?
우 쒸 쥬 맹뜨낭

유용한 표현

- 여보세요!
  Excusez-moi!
  엑스뀌제 무와

- 길을 잃었어요.
  Je suis perdu.
  쥬 쒸 뻬르뒤

- 이 지도에 표시를 해 주시겠습니까?
  Pouvez-vous me montrer sur le plan ?
  뿌베 부 므 몽트레 쒸르 르 쁠랑

- 역으로 가는 길을 가르쳐 주시겠습니까?
  Pouvez-vous m'indiquer comment aller à la gare ?
  뿌베 부 맹디께 꼬망 알레 알 라 가르

- 여기서 가깝습니까? / 여기서 멉니까?
  C'est près d'ici ? / C'est loin d'ici ?
  쎄 프레 딧씨 / 쎄 루앵 딧씨

- 이 거리의 이름은 무엇입니까?

  Elle s'appelle comment cette rue-là ?

  엘 싸뻴 꼬망 쎄뜨 뤼 라

- 이 길이 루앙으로 가는 길입니까?

  Je suis bien sur la route de Rouen ?

  쥬 쒸 비엥 쒸르 라 루뜨 드 루앙

- 라데팡스에는 어떻게 가나요?

  Comment va-t-on à la Défense ?

  꼬망 바 똥 알 라 데팡스

- 버스정류장은 어디 있나요?

  Où est l'arrêt de bus ?

  우 에 라레 드 뷔쓰

- 출구/엘리베이터는 어디 있나요?

  Où est la sortie/l'ascenseur ?

  우 에 라 쓰르띠/라썽쐬르

- 택시로 얼마나 걸리나요?

  Combien de temps faut-il en taxi ?

  꽁비엥 드 땅 포 띨 앙 딱씨

- 이 지도상에서 저의 위치는 어디인가요?

  Je suis où maintenant sur ce plan ?

  쥬 쒸 우 맹뜨낭 쒸르 쓰 쁠랑

관광

여행자	몇 번째 가도를 돌아가나요? **Il faut tourner où ?** 일 포 뚜르네 우
행 인	2번째 골목을 오른쪽으로 돌아, 다음 골목 왼쪽으로 가면 역이 보입니다. **Tournez à droite dans la deuxième rue puis tournez à gauche à la prochaine et vous verrez la gare.** 뚜르네 아 드루와뜨 당 라 되지엠므 뤼 뚜르네 아 고슈 알 라 프로셴 에 부 베레 라 갸르
여행자	얼마나 걸리나요? **Ça prend combien de temps ?** 싸 프랑 꽁비엥 드 땅
행 인	세 시간 걸립니다. **Environ 3 heures.** 앙비롱 트루와 죄르
여행자	걸어서 어느 정도 걸립니까? **On met combien de temps à pied ?** 옹 메 꽁비엥 드 땅 아 삐에
행 인	5분 정도입니다. **Environ 5 minutes.** 앙비롱 쌩 미뉘뜨

관광 관련어

- 연중행사   manifestation annuelle   마니페스따씨옹 아뉘엘
- 축제   fête   페뜨
- 행사   manifestation   마니페스따씨옹

- 공원   parc, jardin public   빠르끄, 쟈르댕 쀠블릭
- 명소   sites touristiques   씨뜨 뚜리스띠끄
- 유원지   terrain des jeux   떼렝 데 죄

- 동물원   zoo   조
- 식물원   jardin botanique   쟈르댕 보따니끄
- 수족관   aquarium   아꾸아리엄

- 전시장   parc d'exposition   빠르끄 덱스뽀지씨옹
- 박물관   musée   뮈제
- 박람회   exposition   엑스뽀지씨옹
- 화랑   galerie d'art   갈르리 다르

관 광

❹ 사진 촬영

사진을 찍어도 되나요?
On peut prendre des photos ?
옹 쁘 프랑드르 데 포또

유용한 표현

- 당신의 사진을 찍어도 될까요?
  Puis-je prendre une photo de vous ?
  쀠 쥬 프랑드르 윈 포또 드 부

- 저랑 포즈 좀 취해 주실래요?
  Pourriez-vous poser avec moi ?
  뿌리에 부 뽀제 아베끄 무와

- 웃으세요!
  Souriez!
  쑤리에

- 사진 좀 찍어주시겠습니까?
  Pouvez-vous nous prendre en photo ?
  뿌베 부 누 프랑드르 앙 포또

- 버튼을 누르기만 하면 됩니다.
  Vous n'avez qu'à appuyer sur le bouton.
  부 나베 까 아쀠예 쒸르 르 부똥

- 한 장 더 부탁합니다.
  Une autre photo, s'il vous plaît.
  윈 오트르 포또 씰 부 쁠래

- 여기에 서 주세요.
  Mettez-vous là, s'il vous plaît.
  메떼 부 라 씰 부 쁠래

- 건전지를 파는 곳이 어디입니까?
  On achète les piles où ?
  온 아셰뜨 레 삘 우

- 주소를 가르쳐주시겠어요?
  Pouvez-vous me donner vos coordonnées ?
  뿌베 부 므 도네 보 꼬르도네

- 이 주소로 사진을 보내드리겠습니다.
  Je vous enverrai les photos à cette adresse.
  쥬 부 장베레 레 포또 아 쎄뜨 아드레쓰

 어 휘

사진찍다	prendre des photos	프랑드르 데 포또
포즈를 취하다	poser	뽀제
셔터	obturateur	옵뛰라뙤르
부탁합니다	s'il vous plaît	씰 부 쁠래
웃다	sourire	쑤리르

❺ 미술관·박물관

입장료는 얼마입니까?
C'est combien, l'entrée ?
쎄 꽁비엥 랑뜨레

유용한 표현

- 표는 어디에서 살 수 있습니까?
  Où peut-on acheter les billets ?
  우 쁘 똥 아슈떼 레 비예

- 단체 할인됩니까?
  Y a-t-il un tarif réduit pour les groupes ?
  이 아 띨 앵 따리프 레뒤 뿌르 레 그루쁘

- 안내해 주시는 분이 있나요?
  Y a-t-il des guides ?
  이 아 띨 데 기드

- 출구는 어디입니까?
  Où est la sortie ?
  우 에 라 쏘르띠

- 입장해도 됩니까?
  Je peux entrer ?
  쥬 쁘 앙트레

- 재입장이 가능합니까?

    Je peux rentrer à nouveau une fois sorti(e) ?
    쥬 쁘 랑트레 아 누보 윈 푸와 쏘르띠

- 짐은 가지고 들어갈 수 없습니다.

    Vous devez laisser votre bagage au vestiaire.
    부 드베 래쎄 보트르 바가쥬 오 베스띠애르

- 한국어로 된 안내문 있습니까?

    Vous avez des brochures en coréen ?
    부 자베 데 브로쉬르 앙 꼬레엥

- 박물관 휴관일은 언제입니까?

    Quel est le jour de fermeture du musée ?
    껠 에 르 쥬르 드 페르므뛰르 뒤 뮈제

- 몇 시에 개관하고 몇 시에 폐관합니까?

    Quels sont les horaires d'ouverture du musée ?
    껠 쏭 레 조래르 두베르뛰르 뒤 뮈제

깜짝센스

미술관 · 박물관 공휴일

미술관, 박물관 같은 데는 대개 화요일(Mardi)이 쉬는 날. 물론 예외도 있으니 잘 알아보도록 한다. 또 일요일은 반액이거나 무료인 경우가 많으므로 이때를 이용하면 좋다. 학생인 경우 국제학생증을 제시하는 것을 잊지 말자. 언제나 차이는 있지만 학생 할인 혜택이 있다.

실용회화
Dialogue

여행자 성인 두 장 주세요.
Deux adultes, s'il vous plaît.
되 자뒬뜨 씰 부 쁠래

직원 20유로입니다.
Vingt euros.
뱅 뙤로

여행자 가이드 관람은 언제 시작합니까?
La visite guidée commence à quelle heure ?
라 비지뜨 기데 꼬망쓰 아 껠뢰르

직원 11시입니다. 10분 남았습니다.
A 11 heures. Dans 10 minutes.
아 옹죄르 당 디 미뉘뜨

여행자 얼마나 걸립니까?
Combien de temps dure-t-elle ?
꽁비엥 드 땅 뒤르 뗄

직원 약, 40분 걸립니다.
Environ 40 minutes.
앙비롱 까랑뜨 미뉘뜨

미술관·박물관 표시

- 입장료   Entrée   앙트레
- 입장료 무료   Entrée gratuite   앙트레 그라뛰뜨
- 개관시간   Heure d'ouverture   외르 두베르뛰르
- 폐관시간   Heure de fermeture   외르 드 페르므뛰르
- 휴관   Fermé   페르메
- 관계자외 출입금지   Réservé au personnel   레제르베 오 뻬르쏘넬
- 자료실   Archives   아르쉬브
- 출입금지   Interdit au public   앵떼르디 오 쀠블릭
- 사진촬영 금지   Photographie interdite   포또그라피 앵떼르디뜨
- 스케치 금지   Dessein interdit   데쌩 앵떼르디
- 분실물 취급소   Objets trouvés   오브제 트루베
- 젖은 바닥   Sol mouillé / sol humide   쏠 무이에 / 쏠 위미드
- 고장   Hors service   오르 쎄르비스

관광

⑥ 공연장

오늘 밤 무슨 공연을 합니까?
Quel spectacle donne-t-on ce soir ?
껠 스뻭따끌 돈느 똥 쓰 쑤와르

유용한 표현

- 다음 금요일 공연 입장권 2장 주세요.
  2 billets pour vendredi prochain, s'il vous plaît.
  되 비예 뿌르 방드르디 프로솅 씰 부 쁠래

- 2층 좌석으로 두 장 주세요.
  Deux places au balcon, s'il vous plaît.
  되 쁠라쓰 오 발꽁 씰 부 쁠래

- 오늘 저녁 공연 좌석 있습니까?
  Il y a des places pour ce soir ?
  일 리 아 데 쁠라쓰 뿌르 쓰 쑤와르

- 매진입니다.
  C'est complet.
  쎄 꽁쁠레

- 티켓은 여기서 살 수 있습니까?
  Je peux acheter les billets ici ?
  쥬 쁘 아슈떼 레 비예 이씨

- 좌석 안내도가 있습니까?

    Puis-je avoir un plan de la salle ?
    쀠쥬 아부와르 앵 쁠랑 들 라 쌀

- 프로그램 하나 주십시오.

    Un programme, s'il vous plaît.
    앵 프로그람 씰 부 쁠래

- 막간 휴식은 얼마나 됩니까?

    Combien de temps dure l'entracte ?
    꽁비엥 드 땅 뒤르 랑트락뜨

- 몇 시에 끝납니까?

    A quelle heure commence le spectacle ?
    아 껠 뢰르 꼬망쓰 르 스뻭따끌

- 몇 시에 시작합니까?

    A quelle heure finit le spectacle ?
    아 껠 뢰르 피니 르 스뻭따끌

 어 휘

· 공연	spectacle	스뻭따끌
· 프로그램	programme	프로그람
· 좌석 안내도	plan de la salle	쁠랑 들 라 쌀
· 티켓	billet	비예
· 막간 휴식	entracte	앙트락뜨

관 광

❼ 영화관

몇 시 표가 있습니까?
A quelle heure commence le film ?
아 껠뢰르 꼬망쓰 르 필므

유용한 표현

- 영화관은 어디 있습니까?
  Où se trouve le cinéma ?
  우 쓰 트루브 르 씨네마

- 영화를 보고 싶습니다.
  Je voudrais voir un film.
  쥬 부드래 부와르 앵 필므

- 표 두 장 주세요.
  Deux billets, s'il vous plaît.
  되 비예 씰 부 쁠래

- 입장료는 얼마입니까?
  C'est combien, l'entrée ?
  쎄 꽁비엥 랑트레

- 지금 인기 있는 것은 무엇입니까?
  Quel est le film le plus apprécié en ce moment ?
  껠 에 르 필므 르 쁠뤼 아프레씨에 앙 쓰 모망

- 자리는 있습니까?
  Il y a des places libres ?
  일 리 아 데 쁠라쓰 리브르

- 이 자리는 비어 있습니까?
  Cette place est libre ?
  쎄뜨 쁠라쓰 에 리브르

영화

프랑스에는 각 도시마다 수없이 많은 영화관이 있으며, 프로그램은 대개 지역 신문이나 연예 잡지 등에 실린다. 일반 요금은 8.4~8.7유로 정도이다. 대부분의 영화관에서 학생 할인을 실시하며 몇몇 극장에서는 조조 할인을 하는데 조조 할인의 경우 가격이 4.5유로로 거의 반값이나 다름 없다.

⑧ 스포츠와 레포츠

테니스/골프를 하고 싶습니다.
Je voudrais jouer au tennis/golf.
쥬 부드래 쥬에 오 떼니쓰/골프

유용한 표현

- 낚시하러 가고 싶어요.
  Je voudrais aller à la pêche.
  쥬 부드래 알레 알 라 뻬슈

- 골프 투어에 참가하고 싶습니다.
  Je voudrais participer à un tournoi de golfe. /
  Je voudrais faire un tour de golf. 쥬 부드래 빠르띠씨뻬 아 앵
  뚜르누와 드 골프 / 쥬 부드래 패르 앵 뚜르 드 골프

- 보증금은 얼마입니까?
  La caution est de combien ?
  라 꼬씨옹 에 드 꽁비엥

- 언제 반환해야 하나요?
  Quand est-ce que je dois le rendre ?
  깡 떼쓰 끄 쥬 두와 르 랑드르

- 더 작은 것은 없나요?
  Vous n'avez rien de plus petit ?
  부 나베 리엥 드 쁠뤼 쁘띠

- 장비를 빌릴 수 있나요?

  Puis-je louer un équipement ?
  쀠쥬 루에 앵 에끼쁘망

- 테니스장 있나요?

  Il y a un court de tennis ?
  일 리 아 앵 꾸르 드 떼니쓰

- 라켓과 볼을 빌릴 수 있을까요?

  Puis-je louer une raquette et des balles ?
  쀠쥬 루에 윈 라께뜨 에 데 발

- 이 부근에 골프장 없나요?

  Il n'y a pas de terrain de golfe près d'ici ?
  일 니 아 빠 드 떼랭 드 골프 프레 딧씨

- 어떻게 입는 건가요?

  Comment on doit le porter ?
  꼬망 옹 두와 르 뽀르떼

- 수상스키를 할 수 있나요?

  Peut-on faire du ski nautique ?
  쁘 똥 패르 뒤 스끼 노띠끄

- 윈드서핑을 할 수 있나요?

  Peut-on faire de la planche à voile ?
  쁘 똥 패르 들 라 쁠랑슈 아 부왈

관광

❾ 술집

한 잔 더 주세요!
Un autre verre, s'il vous plaît!
앵 오트르 베르 씰 부 쁠래

유용한 표현

- 맥주 한 병 더 주세요.
  Une autre bouteille de bière, s'il vous plaît.
  윈 오트르 부떼이 드 비에르 씰 부 쁠래

- 같은 걸로 한 잔 부탁해요.
  La même chose, s'il vous plaît.
  라 멤므 쇼즈 씰 부 쁠래

- 얼음을 띄어 주세요.
  Avec des glaçons, s'il vous plaît.
  아베끄 데 글라쏭 씰 부 쁠래

- 위스키 있습니까?
  Vous avez du whisky ?
  부 자베 뒤 위스끼

- 그것으로 하겠어요.
  Je prends cela.
  쥬 프랑 쓸라

- 건배!

  A votre santé! / A la vôtre!

  아 보트르 쌍떼 / 알 라 보트르

- 제가 한 잔 살게요.

  Je vous offre un verre.

  쥬 부 조프르 앵 베르

- 카운터에 자리 있습니까?

  Il y a des places au bar ?

  일 리 아 데 쁠라쓰 오 바르

- 적포도주 한 단지 주세요.

  Un pichet de vin rouge, s'il vous plaît.

  앵 삐셰 드 뱅 루즈 씰 부 쁠래

- 안주는 뭐가 있나요?

  Vous avez des snacks?

  부 자베 데 스낙

관광

 어 휘

· 단지	pichet	삐셰
· 건배	A votre santé/A la vôtre	아 보트르 쌍떼/알 라 보트르
· 한 잔 사다	offrir un verre	오프리르 앵 베르

손님	어떤 종류의 맥주가 있나요? **Quelles sortes de bières avez-vous ?** 껠 쏘르뜨 드 비에르 아베 부
웨이터	레프와 1664가 있습니다. **Nous avons de la Leffe et de la 1664.** 누 자봉 들 라 레프 에 들 라 씨쌍 쑤와쌍뜨 꺄트르
웨이터	마실 것은요? **Vous voulez quelque chose à boire ?** 부 불레 껠끄 쇼즈 아 부와르
손님	부탁합니다. **Oui, s'il vous plaît.** 위 씰 부 쁠래

술 관련어

- 디스코텍   boîte de nuit/discothèque 부와뜨 드 뉘이/디스꼬떽
- 바   bar 바르
- 맥주홀   brasserie 브라쓰리
- 술집   brasserie/bar/bistrot 브라쓰리/바르/비스트로

- 입장료   prix d'entrée 프리 당트레
- 주류 일람표   liste de la boisson alcoolisée 리스뜨 들 라 부와쏭 알꿀리제
- 칵테일 라운지   bar à cocktail 바르 아 꼭뗄

- 꼬냑   cognac 꼬냑
- 능금주   cidre 씨드르
- 럼주   rhum 럼
- 마티니   martini 마르띠니

- 맥주   bière 비에르
- 맥주 한 컵(500cc)   bock 복
- 맥주 한 컵(250cc)   demi 드미
- 맥주 한 병   bouteille de bière 부떼이 드 비에르
- 맥주 한 캔   cannette 꺄네뜨

- 포도주   vin 뱅
- 샴페인   champagne 샹빠뉴
- 보드카   vodka 보드까
- 위스키   whisky 위스끼
- 칵테일   cocktail 꼭뗄
- 데킬라   tequila 떼낄라
- 키르(백포도주에 리쾨르를 가미한 식전주)   kir 키르
- 키르 루와얄(백포도주 대신 샴페인을 가미한 식전주)   kir royal 키르 루와얄

관광

❿ 디스코장

디스코장에 가고 싶습니다.
Je voudrais aller en boîte de nuit.
쥬 부드래 알레 앙 부와뜨 드 뉘이

유용한 표현

- 오늘 밤엔 어떤 쇼를 하나요?
  Quel spectacle donne-t-on ce soir ?
  껠 스뻭따끌 돈느 똥 쓰 쑤와르

- 혼자라도 들어갈 수 있나요?
  Je peux entrer tout seul ?
  쥬 쁘 앙트레 뚜 쐴

- 몇 시에 엽니까?
  A quelle heure ouvre-t-elle ?
  아 껠뢰르 우브르 뗄

- 오늘 사람이 많나요?
  Il y a du monde aujourd'hui ?
  일 리 아 뒤 몽드 오쥬르뒤

- 음료수값은 별도입니까?
  La consommation est comprise ?
  라 꽁쏘마씨옹 에 꽁프리즈

쇼핑

1. 쇼핑 안내
2. 화장품 가게
3. 옷 가게
4. 안경 가게
5. 사진관
6. 보석 가게
7. 미용실
8. 슈퍼마켓
9. 계산하기
10. 포장
11. 배달
12. 반품 및 환불

❶ 쇼핑 안내

기념품을 어디에서 살 수 있나요?
Où est-ce que je peux acheter des souvenirs ? 우 에쓰 끄 쥬 쁘 아슈떼 데 쑤브니르

 유용한 표현

- 이 주변에 백화점이 있나요?
  Y a-t-il un grand magasin près d'ici ?
  이 아 띨 앵 그랑 마가쟁 프레 딧씨

- 면세점이 있습니까?
  Y a-t-il une boutique hors taxes ?
  이 아 띨 윈 부띠끄 오르딱쓰

- 오늘 개장합니까?
  Le magasin est ouvert aujourd'hui ?
  르 마가쟁 에 뚜베르 오쥬르뒤

- 차를 사고 싶은데요.
  Je voudrais acheter du thé.
  쥬 부드래 아슈떼 뒤 떼

- 이 근처 어디에서 필름을 살 수 있나요?
  Où est-ce que je peux acheter des pellicules près d'ici ? 우 에쓰 끄 쥬 쁘 아슈떼 데 뻴리뀔 프레 딧씨

- 이 부근에 쇼핑 센터가 있습니까?

  Y a-t-il un centre commercial près d'ici ?
  이 아 띨 앵 쌍트르 꼬메르씨얄 프레 딧씨

- 좋은 상점을 추천해 주시겠습니까?

  Pouvez-vous me recommander un bon magasin ?
  뿌베 부 므 르꼬망데 앵 봉 마가쟁

- 벼룩시장은 어디에 있습니까?

  Où se trouvent les marchés aux puces ?
  우 쓰 트루브 레 마르셰 오 쀠쓰

- 어디에 가면 그것을 살 수 있을까요?

  Où est-ce que je peux l'acheter ?
  우 에쓰 끄 쥬 쁘 라슈떼

- 세일합니까?

  Les magasins font des soldes ?
  레 마가쟁 퐁 데 쏠드

백화점 폐점 시간

보통 대형 백화점이나 슈퍼마켓 등은 일요일에 쉬며, 지역과 붐비는 정도에 따라 평일 12시부터 15시까지 폐점하는 경우도 있으므로 유의해야 한다. 프랑스에는 거의 모든 상점들이 저녁 8시 이후에는 문을 닫으며 24시간 편의점도 없기 때문에 생필품 등은 미리 준비해둔다.

❷ 화장품 가게

브랜드가 뭡니까?
Quelle est la marque ?
껠 에 라 마르끄

유용한 표현

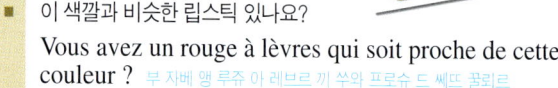

- 이 색깔과 비슷한 립스틱 있나요?
  Vous avez un rouge à lèvres qui soit proche de cette couleur ? 부 자베 앵 루쥬 아 레브르 끼 쑤아 프로슈 드 쎄뜨 꿀뢰르

- 이것과 똑같은 립스틱 있나요?
  Vous avez le même rouge à lèvres que celui-ci ?
  부 자베 르 멤므 루쥬 아 레브르 끄 쓸뤼 씨

- 색상은 이게 다인가요?
  C'est tout ce que vous avez comme couleur ?
  쎄 뚜 쓰 끄 부 자베 꼼므 꿀뢰르

- 크리스찬 디오르의 아이 섀도우 있나요?
  Vous avez des fards à paupières Christian Dior ?
  부 자베 데 파르 아 뽀삐에르 크리쓰띠앙 디오르

- 어떤 색상의 화운데이션이 저한테 어울립니까?
  Quelle couleur de fond de teint me va le mieux ?
  껠 꿀뢰르 드 퐁드 땡 므 바 르 미유

화장품 관련어

- 스킨로션   lotion tonique 로씨옹 또니끄
- 밀크로션   lait 래
- 보습크림   crème hydratante 크렘 이드라땅뜨
- 파운데이션 fond de teint 퐁 드 땡

- 립스틱   rouge à lèvres 루쥬 아 레브르
- 아이섀도우 fard à paupières 파르 아 뽀삐에르
- 마스카라   mascara 마스까라
- 매니큐어   manucure 마뉘뀌르

깜짝센스

화장품과 향수

파리의 대표적인 품목은 역시 화장품과 향수이다. 국내에서도 잘 알려진 랑콤, 샤넬 등의 향수와 화장품은 국내에 비해 값이 저렴해 선물용으로나 본인이 쓰기에도 좋다. 특히 화장품은 담배나 양주처럼 제한 기준이 없어서 마음 놓고 사도 된다. 화장품을 가장 싸게 살 수 있는 곳은 백화점과 면세점이며, 우리나라보다 20~30% 저렴하다. 오페라 가르니에나 루브르 근처에 많이 몰려 있는 면세점에는 한국인 직원들이 있어 의사소통에 문제가 없다.

쇼핑

❸ 옷 가게

입어 봐도 좋은가요?
Je peux l'essayer ?
쥬 쁘 레쎄이에

 유용한 표현

- 저것 좀 보여주세요.
  Montrez-moi cela, s'il vous plaît.
  몽트레 무와 쓸라 씰 부 쁠래

- 그냥 구경하고 있는 거에요.
  Je regarde seulement.
  쥬 르가르드 쐴르망

- 탈의실이 어디입니까?
  Où se trouve la cabine d'essayage ?
  우 쓰 트루브 라 꺄빈 데쎄아쥬

- 어울려요?
  Ça me va ?
  싸 므 바

- 잠깐만 생각해 볼게요.
  Je vais réfléchir.
  쥬 배 레플레쉬르

- 지금 유행하는 것이 뭔가요?

 Qu'est-ce qui est à la mode en ce moment ?
 께쓰 끼 에 딸 라 모드 앙 쓰 모망

- 어떤 브랜드가 좋을까요?

 Quelle marque me proposez-vous ?
 껠 마르끄 므 프로뽀제 부

- 다른 디자인 있나요?

 Vous avez d'autres modèles ?
 부 자베 도트르 모델

- 다른 옷들을 입어봐도 됩니까?

 Je peux en essayer d'autres ?
 쥬 쁘 안 에쎄이에 도트르

- 거울을 볼 수 있을까요?

 Je peux me regarder dans une glace ?
 쥬 쁘 므 르가르데 당 쥔 글라쓰

- 이게 다인가요?

 C'est tout ce que vous avez ?
 쎄 뚜 쓰 끄 부 자베

- 그것으로 살게요.

 Je prends ca.
 쥬 프랑 싸

쇼핑

 **사이즈**

- 약간 끼는데요.
  Ça me serre un peu. / C'est un peu serré.
  싸 므 쎄르 앵 쁘 / 쎄 땅 쁘 쎄레

- 치수가 얼마입니까?
  Quelle taille faites-vous ?
  껠 따이 패뜨 부

- 치수를 재 주시겠어요?
  Prenez mes mesures, s'il vous plaît.
  프르네 메 므쥐르 씰 부 쁠래

- 어깨 사이즈를 재주세요.
  Prenez la mesure de mes épaules, s'il vous plaît.
  프르네 라 므쥐르 드 메 제뽈 씰 부 쁠래

- 한 치수 큰/작은 사이즈로 주세요.
  Donnez-moi la taille au-dessus/au-dessous.
  도네 무와 라 따이 오 드쒸/오 드쑤

- 이것은 작아요.
  C'est petit pour moi.
  쎄 쁘띠 뿌르 무와

- 너무 길어요/짧아요.
  C'est trop long/court.
  쎄 트로 롱/꾸르

- 다른 사이즈 있나요?

    Montrez-moi une autre taille.
    몽트레 무와 윈 오트르 따이

- 치수가 저한테 딱 맞네요.

    C'est ma taille.
    쎄 마 따이

- 사이즈를 모릅니다.

    Je ne connais pas ma taille.
    쥬 느 꼬내 빠 마 따이

 어 휘

· 치수를 재다	mesurer	므쥐레
· 큰	grand	그랑
· 작은	petit	쁘띠
· 긴	long	롱
· 짧은	court	꾸르

❹ 안경 가게

안경이 망가졌어요.
Mes lunettes sont cassées.
메 뤼네뜨 쏭 까쎄

유용한 표현

- 콘텍트 렌즈를 맞추려 하는데요.
  Je voudrais une paire de verres de contact.
  쥬 부드래 윈 빼르 드 베르 드 꽁딱

- 안경을 맞추고 싶습니다.
  Je voudrais une paire de lunettes.
  쥬 부드래 윈 빼르 드 뤼네뜨

- 은테를 원합니다.
  Je voudrais une monture en argent.
  쥬 부드래 윈 몽뛰르 안 아르쟝

- 뿔테를 원합니다.
  Je voudrais une monture en écail.
  쥬 부드래 윈 몽뛰르 안 에꺄이

- 안경을 수선해 주시겠습니까?
  Pouvez-vous réparer mes lunettes ?
  뿌베 부 레빠레 메 뤼네뜨

■ 저는 근시에요.
Je suis myope.
쥬 쒸 미오쁘

상점 명칭

- 가죽제품 가게   maroquinerie 마로낀느리
- 문방구   papeterie 빠쁘뜨리
- 보석가게   bijouterie 비쥬뜨리
- 생선가게   poissonnerie 뿌와쏜느리
- 서점   librairie 리브래리
- 시계점   horlogerie 오를로쥬리
- 식료품점   épicerie 에뻬쓰리
- 안경점   chez l'opticien 셰 롭띠씨엥
- 약국   pharmacie 파르마씨
- 완구점   magasin de jouets 마가쟁 드 쥬에
- 정육점   boucherie 부슈리
- 제과점   boulangerie/pâtisserie 불량쥬리/빠띠쓰리
- 주류점   magasin de vins et spiritueux 마가쟁 드 뱅 에 스뻐리뛰유
- 철물점   quincaillerie 깽꺄이으리
- 할인점   magasin de vente au rabais 마가쟁 드 방뜨 오 라배
- 향수상점   parfumerie 빠르쀰므리

쇼핑

❺ 사진관

필름을 현상해 주세요.
Pouvez-vous me développer cette pellicule, s'il vous plaît. 뿌베 부 므 데블로뻬 쎄뜨 뻴리뀔 씰 부 쁠래

유용한 표현

- 36장짜리 코닥 슬라이드용 필름 주세요.
  Je voudrais une pellicule 36 poses Kodak pour des diapositives. 쥬 부드래 윈 뻴리뀔 트랑뜨씨 뽀즈 꼬닥 뿌르 데 디아뽀지띠브

- 얼마입니까?
  Combien ça coûte ?
  꽁비엥 싸 꾸뜨

- 이 카메라용 전지 있습니까?
  Vous avez une pile pour cet appareil photos ?
  부 자베 윈 삘 뿌르 쎄 따빠레이 포또

- 렌즈 뚜껑은 있습니까?
  Vous avez un couvercle pour l'objectif ?
  부 자베 앵 꾸베르끌 뿌르 로브젝띠프

- 이 카메라에 필름을 넣어 주세요.
  Pouvez-vous me mettre la pellicule dans l'appareil ?
  뿌베 부 므 메트르 라 뻴리뀔 당 라빠레이

- 셔터가 고장이에요.

    L'obturateur ne marche pas.
    롭뛰라뙤르 느 마르슈 빠

- 카메라를 수리해 주세요.

    Vous pouvez me réparer cet appareil ?
    부 뿌베 므 레빠레 쎄 따빠레이

- 금방 수리되나요?

    Vous pouvez le réparer maintenant ?
    부 뿌베 르 레빠레 맹뜨낭

- 언제 됩니까?

    Vous pouvez le faire pour quand ?
    부 뿌베 르 패르 뿌르 깡

- 이 필름 현상 좀 해주시겠어요?

    Pouvez-vous me développer cette pellicule ?
    뿌베 부 므 데벨로뻬 쎄뜨 뻴리뀔

 어 휘

· 현상하다	développer	데블로뻬
· 필름	pellicule	뻴리뀔
· 슬라이드	diapositive	디아뽀지띠브
· 36장짜리	36 poses	트랑뜨씨 뽀즈

쇼핑

❻ 보석 가게

보증서는 있습니까?
Il y a un certificat d'authenticité?
일 리 아 앵 쎄르띠피까 도땅띠씨떼

유용한 표현

- 순금입니까?
  C'est de l'or à 24 carat ?
  쎄 드 로르 아 뱅꺄트르 꺄라

- 진품입니까?
  C'est du vrai ?
  쎄 뒤 브래

- 방수가 됩니까?
  C'est résistant à l'eau ?
  쎄 레지스땅 알 로

- 한국에서 수리됩니까?
  On peut les faire réparer en Corée ?
  옹 쁘 레 패르 레빠레 앙 꼬레

- 시간을 맞춰 주세요.
  Mettez-moi la montre à l'heure.
  메떼 무와 라 몽트르 알 뢰르

- 어느 나라 제품입니까?

    Où est-ce que cela a été fabriqué ?
    우 에쓰 끄 쓸라 아 에떼 파브리께

- 귀를 뚫고 싶습니다.

    Je voudrais me faire percer les oreilles.
    쥬 부드래 므 패르 뻬르쎄 레 조레이

- 이것은 18k입니까?

    C'est de l'or à 18 carat ?
    쎄 드 로르 아 디쥐뜨 꺄라

쇼 핑

 어 휘

보증서	certificat d'authenticité	쎄르띠피까 도땅띠씨떼
방수가 되는	résistant à l'eau	레지스땅 알로
생산된	fabriqué	파브리께

❼ 미용실

컷트를 부탁합니다.
Je voudrais me faire couper les cheveux, s'il vous plaît. 쥬 부드래 므 패르 꾸뻬 레 슈뵈 씰 부 쁠래

 유용한 표현

- 예약이 필요한가요?
  Il faut prendre un rendez-vous ?
  일 포 프랑드르 앵 랑데부

- 어떻게 잘라드릴까요?
  Comment vous voulez la coupe ?
  꼬망 부 불레 라 꾸쁘

- 컷트만 해주세요.
  J'ai seulement besoin d'une coupe.
  줴 쐴르망 브주앵 뒨 꾸쁘

- 급한데 지금 곧 컷트할 수 있습니까?
  Je suis pressé(e). Vous pouvez me faire une coupe maintenant ? 쥬 쒸 프레쎄 부 뿌베 므 패르 윈 꾸쁘 맹뜨낭

- 샴푸, 컷트, 드라이를 부탁합니다.
  Je voudrais un shampoing, une coupe et un brushing, s'il vous plaît. 쥬 부드래 앵 샹뿌앵 윈 꾸쁘 에 앵 브로쉬 씰 부 쁠래

- 파마를 하고 싶은데요.
  Je voudrais me faire faire une permanente.
  쥬 부드래 므 패르 패르 윈 뻬르마낭뜨

- 짧게 잘라 주세요.
  Coupez court, s'il vous plaît.
  꾸뻬 꾸르 씰 부 쁠래

- 염색/탈색해 주세요.
  Je voudrais une teinture/décoloration.
  쥬 부드래 윈 뗑뛰르/데꼴로라씨옹

- 얼마인가요?
  Combien est-ce ?
  꽁비엥 에 쓰

- 이것은 팁이에요.
  C'est pour vous.
  쎄 뿌르 부

 어 휘

· 커트	coupe	꾸쁘
· 염색	teinture	뗑뛰르
· 탈색	décoloration	데꼴로라씨옹
· 파마	permanante	뻬르마낭뜨
· 샴푸	shampoing	샴푸앵
· 드라이	brushing	브뢰싱

❽ 슈퍼마켓

이걸로 세 개 주세요.
J'en prends trois.
쟝 프랑 트루와

 유용한 표현

- 이 치즈는 여행동안 변하지 않을까요?
  Est-ce que ce fromage supporterait bien le voyage ?
  에쓰 끄 쓰 프로마쥬 쒸뽀르뜨래 비엥 르 부아야쥬

- 100그램을 사겠습니다.
  J'en prends 100g.
  쟝 프랑 쌍 그람

- 낱개로 팝니까?
  Vous les vendez à la pièce ?
  부 레 방데 알 라 삐에쓰

- 한 개에 얼마입니까?
  Combien est-ce à la pièce ?
  꽁비엥 에 쓰 알 라 삐에쓰

- 이것을 백그램 주세요.
  Donnez-m'en 100g, s'il vous plaît.
  도네 망 쌍 그람 씰 부 쁠래

- 이것을 한 토막 주세요.

  Donnez-m'en un morceau, s'il vous plaît.
  도네 망 앙 모르쏘 씰 부 쁠래

- 전부 얼마입니까?

  C'est combien pour le tout ?
  쎄 꽁비엥 뿌르 르 뚜

- 큰 봉투 있습니까?

  Vous avez un grand sac ?
  부 자베 앵 그랑 싹

쇼 핑

 어 휘

· 낱개로	à la pièce	알 라 삐에쓰
· 종이봉투	sac en papier	싹 앙 빠삐에
· 비닐봉지	sac plastique	싹 쁠라스띠끄

241

쇼핑목록

- 가정용품 — appareils ménagers 아빠레이 메나제
- 건강식품 — aliments diététiques 알리망 디에떼띠끄
- 곡류 — céréales 쎄레알
- 냉동식품 — aliments congelés/surgelés 알리망 꽁쥴레/쒸르쥴레
- 농산물 — produits agricoles 프로뒤 아그리꼴
- 문방구류 — papeterie 빠쁘뜨리

- 부엌용품 — ustensile de cuisine 위스땅씰 드 뀌진
- 빵 — pain 뺑
- 생선과 해산물 — poisson et fruits de mer 뿌와쏭 에 프뤼 드 메르
- 욕실용품 — articles de toilette 아르띠끌 드 뚜왈레뜨
- 유제품 — produits laitiers 프로뒤 래띠에
- 유류 — viande 비앙드

- 의류 — vêtement 베뜨망
- 종이제품 — produits en papier 프로뒤 앙 빠삐에
- 주류 — boissons alcoolisées 부와쏭 알꼴리제
- 청과류 — fruits 프뤼
- 청량음료 — boissons non alcoolisées 부와쏭 논 알꼴리제
- 캔제품 — conserves 꽁쎄르브
- 향신료 — épices 에삐쓰

요리 재료

- 아몬드 — amande 아망드
- 아스파라거스 — asperge 아스뻬르쥬
- 죽순 — pousses de bambou 뿌쓰 드 방부
- 싹양배추 — choux de Bruxelles 슈 드 브뤼쎌
- 당근 — carotte 까로뜨

- 샐러리 — célerie 쎌르리
- 코코넛 — noix de coco 누와 드 꼬꼬
- 오이 — concombre 꽁꽁브르

- 청완두   petis pois 쁘띠 뿌와
- 파   poireau 뿌와로

- 연근   racine de lotus 라씬 드 로뛰쓰
- 버섯   champignon 샹삐뇽
- 양파   oignon 오뇽
- 감자   pomme de terre 뽐므 드 떼르
- 무   navet 나베

- 토마토   tomate 또마뜨
- 물냉이   cresson 크레쏭
- 살구   abricot 아브리꼬
- 아보카도   avocat 아보꺄
- 브로콜리   broccoli 브로꼴리

- 콩   haricot 아리꼬
- 양배추   chou 슈
- 컬리플라워   chou-fleur 슈 플뢰르
- 밤   châtaigne 샤뗀뉴
- 옥수수   maïs 마이쓰

- 가지   aubergine 오베르진
- 청피망   poivron vert 쁘와브롱 베르
- 강낭콩   haricot rouge 아리꼬 루쥬
- 상추   laitue 래뛰
- 마카로니   macaroni 마까로니

- 올리브   olive 올리브
- 파슬리   persil 뻬르씰
- 호두   noisette 누와제뜨
- 쌀   riz 리
- 시금치   épinard 에삐나르

쇼핑

❾ 계산하기

더 싼 것은 없습니까?
Vous n'avez rien de moins cher ?
부 나베 리엥 드 무앵 셰르

흥정

- 싸게 해 주시겠습니까?

    Pouvez-vous me faire une réduction, s'il vous plaît ?
    뿌베 부 므 패르 윈 레뒥씨옹 씰 부 쁠래

- 현금으로 사면 할인해 줍니까?

    Si je paye en espèce, vous me faites une réduction ?
    씨 쥬 뻬이 앙 에스뻬쓰 부 므 패뜨 윈 레뒥씨옹

- 가격이 너무 비싸군요.

    C'est trop cher.
    쎄 트로 셰르

- 디스카운트해 주시면 사겠어요.

    Si vous me faites une réducion, je l'achète.
    씨 부 므 패뜨 윈 레뒥씨옹 쥬 라셰뜨

- 싸게 해 주세요.

    Faites-moi une réduction, s'il vous plaît.
    패뜨 무와 윈 레뒥씨옹 씰 부 쁠래

지불

- 얼마입니까?

    Combien est-ce ?
    꽁비엥 에 쓰

- 계산원이 어디 있나요?

    Où est la caisse ?
    우 에 라 깨쓰

- 어떤 카드를 받나요?

    Quelles sortes de cartes acceptez-vous ?
    껠 쏘르뜨 드 까르뜨 악쎕떼 부

- 세금 포함입니까?

    C'est TTC ?
    쎄 떼떼쎄

- 어디에 싸인합니까?

    Où dois-je signer ?
    우 두와 쥬 씨녜

- 영수증을 주시겠어요?

    Donnez-moi une facture ?
    도네 무와 윈 팍뛰르

- 거스름돈이 틀려요.

    Cela ne correspond pas au décompte.
    쓸라 느 꼬레스뽕 빠 오 데꽁뜨

쇼핑

⑩ 포장

선물 포장을 해주시겠어요?
Je voudrais un paquet cadeau, s'il vous plaît. 쥬 부드래 앵 빠께 꺄도 씰 부 쁠래

유용한 표현

- 하나씩 싸 주세요.

  Emballez-les un par un, s'il vous plaît.
  앙발레 레 앵 빠르 앵 씰 부 쁠래

- 조심해서 싸 주세요.

  Emballez ceci avec précaution, s'il vous plaît.
  앙발레 쓰씨 아베끄 프레꼬씨옹 씰 부 쁠래

- 종이백 하나 얻을 수 있을까요?

  Je peux avoir un sac en papier ?
  쥬 쁘 아부와르 앵 싹 앙 빠삐에

- 각각 따로 포장해 주시겠어요?

  Pouvez-vous les emballer séparément ?
  뿌베 부 레 장발레 쎄빠레망

- 박스에 넣어주세요.

  Pouvez-vous les mettre dans une boîte, s'il vous plaît.
  뿌베 부 레 메트르 당 쥔 부와뜨 씰 부 쁠래

- 단단히 포장해 주시겠어요?

  Pouvez-vous bien l'emballer ?
  뿌베 부 비엥 랑발레

- 포장할 필요 없습니다.

  Ce n'est pas nécessaire de l'emballer.
  쓰 네 빠 네쎄쎄르 드 랑발레

- 그냥 가방에 넣어주세요.

  Mettez-les seulement dans un sac.
  메떼 레 쐴르망 당 쟁 싹

- 리본으로 묶어주시겠어요?

  Pouvez-vous les attacher avec un ruban ?
  뿌베 부 레 자따셰 아베끄 앵 뤼방

쇼핑

어 휘

· 선물 포장	paquet cadeau	빠께 꺄도
· 포장하다	emballer	앙발레
· 리본	ruban	뤼방

⑪ 배달

배달해 줍니까?
Pouvez-vous livrer ?
뿌베 부 리브레

유용한 표현

- 주소가 정확합니까?

    Est-ce que cette adresse est correcte ?
    에쓰 끄 쎄뜨 아드레쓰 에 꼬렉뜨

- 항공우편으로 한국에 도착하려면 얼마나 걸립니까?

    Combien de temps faut-il pour livrer par avion en Corée ?   꽁비엥 드 땅 포 띨 뿌르 리브레 빠르 아비옹 앙 꼬레

- 언제 도착합니까?

    Quand est-ce qu'il va arriver ?
    깡 떼쓰 낄 바 아리베

- 오늘 받고 싶습니다.

    Je voudrais être livré aujourd'hui.
    쥬 부드래 에트르 리브레 오쥬르뒤

- 이 주소로 보내주세요.

    Pouvez-vous livrer à cette adresse ?
    뿌베 부 리브레 아 쎄뜨 아드레쓰

- 호텔로 와인을 배달해 주시겠어요?

  Pouvez-vous livrer ces bouteilles de vin à mon hôtel ?

  뿌베 부 리브레 쎄 부떼이 드 뱅 아 몬 오뗄

- 이것을 한국에 보낼 수 있습니까?

  Pouvez-vous livrer cela en Corée ?

  뿌베 부 리브레 쓸라 앙 꼬레

- 우송료는 얼마입니까?

  Combien coûte la livraison ?

  꽁비엥 꾸뜨 라 리브래종

- 며칠 정도 걸립니까?

  Ça prend combien de jours ?

  싸 프랑 꽁비엥 드 쥬르

- 이것은 깨지기 쉽습니다.

  C'est fragile.

  쎄 프라질

 어 휘

· 항공우편	par avion	빠르 아비옹
· 선편	par bateau	빠르 바또
· 배달	livraison	리브래종
· 깨지기 쉬운	fragile	프라질

⑫ 반품 및 환불

반품하고 싶어요.
Je veux retourner ceci.
쥬 브 르뚜르네 쓰씨

 유용한 표현

- 대금은 이미 지불했습니다.
  J'ai déjà payé.
  줴 데자 뻬이에

- 판매원을 불러주세요.
  S'il vous plaît, appelez un vendeur/une vendeuse.
  씰 부 쁠래 아쁠레 앵 방되르/방되즈

- 이것은 영수증입니다.
  C'est la facture(la note, le reçu).
  쎄 라 팍뛰르(라 노뜨, 르 르쒸)

- 교환할 수 있습니까?
  Puis-je changer ceci ?
  쀠 쥬 샹제 쓰씨

- 환불해 줍니까?
  Puis-je être remboursé ?
  쀠 쥬 에트르 랑부르쎄

- 사이즈가 맞지 않아요.
 Ce n'est pas ma taille.
 쓰 네 빠 마 따이

- 이것은 제가 산 것과 다른데요.
 Ceci est différent de ce que j'ai acheté.
 쓰씨 에 디페랑 드 쓰 끄 줴 아슈떼

- 전혀 사용하지 않았습니다.
 Je ne l'ai pas du tout utilisé.
 쥬 느 래 빠 뒤 뚜 위띨리제

- 어제 샀는데요.
 Je l'ai acheté hier.
 쥬 래 아슈떼 이에르

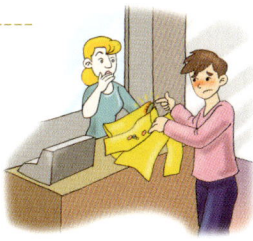

- 단추가 떨어졌어요.
 Il manque un bouton.
 일 망끄 앵 부똥

 어 휘

· 반품하다	retourner	르뚜르네
· 환불하다	rembourser	랑부르쎄
· 단추	bouton	부똥

쇼핑

명소·볼거리

◯ 베르사이유 궁전(Château de Versailles)

17세기 루이 14세 치하 프랑스 절대 왕정의 영광과 권위를 증명하듯 화려한 궁전과 방대한 정원 등이 돋보이는 궁전이다. 원래 늪지대였던 것을 오랜 세월에 걸쳐 흙을 메우고 나무를 옮겨 심고, 물을 끌어오는 등 엄청난 규모의 자본과 수고를 들여 완성된 건축물이다.

균형과 조화를 살린 베르사이유 궁전은 은박을 입힌 왕가의 문으로부터 시작된다. 왕가의 문을 들어서면 궁정 정면 마당에 스스로를 태양왕이라 칭했던 루이 14세의 동상이 서 있다. 궁전에 들어서면 왕들과 왕비들이 머물던 방들이 죽 늘어서 있고, 그 중 가장 볼만한 것은 궁전 정 중앙에 위치하면서 양쪽으로 400여 장의 거울이 늘어서 있는 '거울의 방'으로 아름다운 대리석 기둥과 천장화, 화려한 샹들리에 등으로 보는 이의 감탄을 자아낸다.

베르사이유에는 호화로운 궁전 외에도 궁전 뒤쪽의 정원들이 빼어나다. 정원에는 수로를 통해 끌어온 물로 만들어진 연못들과 1천여 개의 분수가 눈을 시원하게 한다. 뿐만 아니라 규모는 작지만 분홍색 대리석으로 황혼녘 환상적인 모습을 연출하는 그랑 트리아농(Grand Trianon)과 마리 앙투와네트가 자연주의 사상에 심취해서 숲속에다 작은 초가집들을 지어놓고 화려한 궁정생활에 염증을 느낄 때마다 와서 쉬고 갔다는 프티 트리아농(Petit Trianon)은 놓쳐서는 안 되는 볼거리다.

궁전 안을 운행하는 꼬마 기차가 있으며, 자전거도 대여해준다. 파리에서 베르사이유 궁전까지는 베르사이유 방향 고속전철(RER) C선을 이용해서 종점에서 내리면 된다.

통신 · 우편

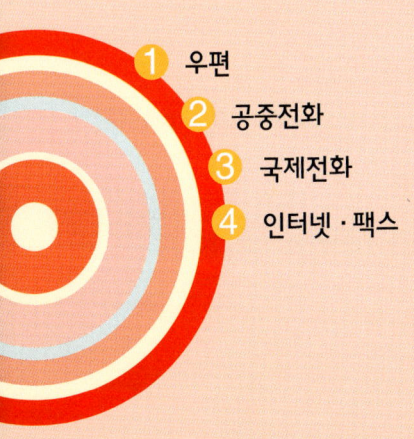

1. 우편
2. 공중전화
3. 국제전화
4. 인터넷 · 팩스

❶ 우편

한국에 항공편/선편으로 보내주십시오.
Par avion/par bateau en Corée, s'il vous plaît. 빠르 아비옹/빠르 바또 앙 꼬레 실 부 쁠래

 유용한 표현

▶ 우체국

- 이 편지를 등기로 보내려고 합니다.
  Je voudrais expédier cette lettre en recommandé.
  쥬 부드래 엑쓰뻬디에 쎄뜨 레트르 앙 르꼬망데

- 우체국/우체통은 어디에 있습니까?
  Où se trouve le bureau de poste/la boîte aux lettres ?
  우 쓰 트루브 르 뷔로 드 뽀스뜨/라 부와뜨 오 레트르

- 우체국은 몇 시에 엽니까?
  A quelle heure ouvre le bureau de poste ?
  아 껠르르 우브르 르 뷔로 드 뽀스뜨

- 여기서 우표를 살 수 있습니까?
  Je peux acheter des timbres ici ?
  쥬 쁘 아슈떼 데 땡브르 이씨

- 한국에 항공편으로 편지 보내는 데 얼마입니까?
  C'est combien pour envoyer une lettre en Corée par avion ? 쎄 꽁비엥 뿌르 앙부와이에 윈 레트르 앙 꼬레 빠르 아비옹

- 소포용 상자 있나요?

    Vous avez des paquets colis ?
    부 자베 데 빠께 꼴리

- 한국에 전보를 보내고 싶습니다.

    Je voudrais envoyer un télégramme en Corée.
    쥬 부드래 앙부와이에 앵 뗄레그람 앙 꼬레

- 우편엽서도 파나요?

    Vous vendez des cartes postales aussi ?
    부 방데 데 까르뜨 뽀스딸 오씨

- 이것은 깨지기 쉬워요.

    C'est fragile.
    쎄 프라질

- 한국에 엽서 세 장 보내는 데 필요한 우표를 주세요.

    Trois timbres pour cartes postales pour la Corée, s'il vous plaît.
    트루와 땡브르 뿌르 까르뜨 뽀스딸 뿌르 라 꼬레 씰 부 쁠래

깜짝센스

우체통과 우체국 간판은 한국과는 달리 노란색이며 "PTT" 또는 제비 도안이 그려져 있다. 우체통의 경우 지역별로 목적지를 구별해서 넣도록 되어 있으므로 주의한다.

직원	그것의 내용물은 뭡니까? **Qu'est-ce qu'il y a là-dedans ?** 께쓰 낄 리 아 라 드당
여행자	모두 개인용품입니다. **Ce ne sont que des affaires personnelles.** 쓰 느 쏭 끄 데 자패르 뻬르쓰넬
직원	항공편입니까, 선편입니까? **Par avion ou par bateau ?** 빠르 아비옹 우 빠르 바또
여행자	항공편으로 부탁합니다. **Par avion, s'il vous plaît.** 빠르 아비옹 씰 부 쁠래

우체국 관련어

- 우편엽서   carte postale 까르뜨 뽀스딸
- 항공봉함엽서   aérogramme 아에로그람
- 편지지   papier à lettre 빠삐에 아 레트르
- 봉투   enveloppe 앙블로쁘

- 발신인   expéditeur 엑쓰뻬디뙤르
- 수신인   destinataire 데쓰띠나때르
- 주소   adresse 아드레쓰

- 등기우편   lettre recommandée 레트르 르꼬망데
- 선편   courrier par bateau 꾸리에 빠르 바또
- 소포   colis 꼴리
- 속달   express 엑쓰프레쓰

- 우체국   bureau de poste 뷔로 드 뽀스뜨
- 우체통   boîte aux lettres 부와뜨 오 레트르
- 우표   timbre 땡브르
- 취급주의   fragile 프라질

- 항공우편   par avion 빠르 아비옹
- 항공편   courrier par avion 꾸리에 빠르 아비옹

우체국에서

창구에서 우표를 샀으면 우표를 붙인 다음 직원에게 주면 되고 자동 판매기에서 샀으면 옆에 있는 우체통의 오른쪽 투입구, 즉 프로뱅스 에 에트랑제(PROVINCE ET ETRANGER)라고 적힌 구멍에 넣으면 된다. 왼쪽 투입구에는 '파리 에 방리외(PARIS ET BANLIEUE)'라고 되어 있는데 파리와 근교 도시들로 보낼 우편물을 넣는 곳이다.

❷ 공중전화

공중전화 한 통화에 얼마입니까?
Combien coûte une communication téléphonique? 꽁비엥 꾸뜨 윈 꼬뮈니까씨옹 뗄레포니끄

 유용한 표현

- 전화 사용법을 알려주십시오.
  Indiquez-moi comment utiliser le téléphone.
  앵디께 무와 꼬망 위띨리제 르 뗄레폰

- 공중전화기가 어디 있나요?
  Où se trouve la cabine téléphonique ?
  우 쓰 트루브 라 까빈 뗄레포니끄

- 동전을 먼저 넣습니까?.
  Je dois insérer les pièces de monnaie d'abord ?
  쥬 두와 앵쎄레 레 삐에쓰 드 모내 다보르

- 305호실 부탁합니다.
  La chambre 305, s'il vous plaît.
  라 샹브르 트르와쌍 쌩끄 씰 부 쁠래

- 메시지를 남겨 주세요.
  Je voudrais laisser un message.
  쥬 부드래 래쎄 앵 메싸쥬

- 죄송합니다. 잘못 걸었군요.

  Je suis désolé(e). Je me suis trompé(e) de numéro.
  쥬 쒸 데졸레 쥬 므 쒸 트롱뻬 드 뉘메로

- 이곳에 한국어하는 사람 있나요?

  Il y a quelqu'un qui parle coréen là-bas ?
  일 리 아 껠깽 끼 빠를르 꼬레엥 라바

- 돈을 바꿔 주시겠습니까?

  Puis-je avoir de la monnaie ?
  쀠쥬 아부와르 들 라 모내

- 다시 전화하겠습니다.

  Je vous rappelle plus tard.
  쥬 부 라뺄 쁠뤼 따르

- 동전이 없습니다.

  Je n'ai pas de monnaie.
  쥬 내 빠 드 모내

- 스펠을 부탁드립니다.

  Pouvez-vous me l'épeler ?
  뿌베 부 므 레뻴레

- 전하실 말씀이 있습니까?

  Vous voulez laisser un message ?
  부 불레 래쎄 앵 메싸쥬

여행자	뒤퐁씨를 부탁합니다. Je voudrais parler à Monsieur Dupont, s'il vous plaît. 쥬 부드래 빠를레 아 므씨유 뒤뽕 씰 부 쁠래
직원	그는 외출중입니다. Il n'est pas là. 일 네 빠 라
여행자	전화 사용법을 알려주십시오. Indiquez-moi comment utiliser le téléphone. 앵디께 무와 꼬망 위띨리제 르 뗄레폰
행인	먼저 카드를 넣으세요. Insérez d'abord votre carte téléphonique. 앵쎄레 다보르 보트르 까르뜨 뗄레포니끄

전화

파리의 공중전화는 대부분 카드를 이용하는 카드식이며 아주 드물게 동전을 사용하는 전화기도 있다. 카드 전화기의 경우 다음과 같은 지시 사항이 작은 액정 화면에 나타나는데 그대로 따라 하면 된다. 먼저 수화기를 들면

- "앵쎄레 보트르 까르뜨(Insérer votre carte)"라는 지시문이 보이면 전화카드를 넣는다.
- "빠씨앙떼(Patienter)"라는 지시문이 보이면 잠깐 기다린다.
- "뉘메로떼(Numéroter)"라는 지시문이 보일 때 한국으로 전화할 경우 00-82-XX(0을 뺀 지역 번호)-XXX(국번)-XXXX(뒷자리 번호)을 순서대로 누른다. 그러면 자동으로 한국과 연결된다.
- 통화 후 수화기를 내려놓으면 "르띠레(Retirez)"라는 지시문과 함께 전화 카드가 나온다. 만약 도중에 전화기 조작이 잘못된 경우는 다시 시작하라는 의미의 "르꼬망쎄(Recommencez)"라는 지시문이 나타난다.
- 전화카드(뗄레까르뜨 télécarte)는 50통화 120통화단위로 된 두 종류가 있으며 우체국, 전화국, 따바, 신문판매대 등에서 살 수 있다.

통신 · 우편

❸ 국제전화

한국에 국제전화를 부탁드립니다.
Je voudrais téléphoner en Corée du Sud.
쥬 부드래 뗄레포네 앙 꼬레 뒤 쒸드

유용한 표현

- 국제전화는 어떻게 겁니까?

  Comment on fait pour téléphoner à l'étranger ?
  꼬망 옹 패 뿌르 뗄레포네 아 레트랑제

- 교환수를 부르려면 어떻게 합니까?

  Qu'est-ce qu'on fait pour parler à l'opératrice ?
  께쓰 꽁 패 뿌르 빠를레 알 로뻬라뜨리쓰

- 콜렉트 콜로 부탁합니다.

  Je voudrais téléphoner en PCV.
  쥬 부드래 뗄레포네 앙 뻬쎄베

- 지명통화를 부탁합니다.

  Je voudrais une communication avec préavis, s'il vous plaît.   쥬 부드래 윈 꼬뮈니까씨옹 아베끄 프레아비 씰 부 쁠래

- 전화번호는 82-2-724-2050입니다.

  Le numéro de téléphone est le 82-2-724-2050.
  르 뉘메로 드 뗄레폰 에 르 꺄트르뱅되 되 쎄뜨쌍 뱅까트르 되밀 쌩깡뜨

- 이 전화로 국제전화를 걸 수 있습니까?

  Est-ce que je peux téléphoner à l'étranger avec cet appareil ?
  에쓰 끄 쥬 쁘 뗄레포네 아 레트랑제 아베끄 쎄 따빠레이

- 한국에 전화하려면 어떻게 합니까?

  Comment fait-on pour appeler en Corée ?
  꼬망 패 똥 뿌르 아쁠레 앙 꼬레

- 전화가 중간에 끊겼습니다.

  Nous avons été coupés.
  누 자봉 에떼 꾸뻬

- 끊지 말고 기다리세요.

  Ne quittez pas!
  느 끼떼 빠

- 나왔습니다. 말씀하세요.

  En ligne, allez-y, s'il vous plaît.
  앙 리뉴 알레 지 씰 부 쁠레

- 통화중입니다.

  La ligne est occupée.
  라 리뉴 에 또뀌뻬

- 한국에 거는 전화요금은 얼마입니까?

  Combien ça coûte pour téléphoner en Corée ?
  꽁비엥 싸 꾸뜨 뿌르 뗄레포네 앙 꼬레

❹ 인터넷 · 팩스

이메일을 확인하려고 합니다.
Je voudrais vérifier mes e-mail.
쥬 부드레 베리피에 메 지멜

유용한 표현

- 호텔에서 제 이메일을 확인할 수 있나요?

    Puis-je vérifier mes e-mail à l'hôtel ?
    쀠쥬 베리피에 메 지멜 아 로뗄

- 인터넷을 사용할 수 있는 곳이 있나요?

    Y a-t-il un endroit où utiliser Internet ?
    이 아 띨 앵 앙드르와 우 위띨리제 앵떼르넷

- 자료 검색을 할 것이 있는데요.

    Je dois chercher un renseignement sur Internet.
    쥬 두아 셰르셰 앵 랑쎄뉴망 쒸르 앵떼르넷

- 인터넷이나 팩스를 이용할 수 있을까요?

    Puis-je utiliser Internet ou le fax ?
    쀠쥬 위띨리제 앵떼르넷 우 르 팍쓰

국내전화

프랑스 국내의 어느 곳으로 전화하든지 8자리 전화 번호 앞에 '0+지역 번호'를 눌러야 한다. 프랑스 전역은 모두 다섯 개의 지역으로 나누어져 있다.
예) 파리 : 0 + 1 + xx xx xx xx

국제전화

프랑스에서 서울로 전화를 할 때 : 00(프랑스 국제 전화 호출 번호) + 82(한국 국가 번호) + 2(서울 지역 번호) + 전화 번호
- 프랑스에서 한국에 수신자 부담으로 전화할 때 : 00 + 00 + 82(한국 교환과 통화 가능)

명소 · 볼거리

◯ 유로디즈니(Eurodisney)와 아스테릭스 공원(Parc d'Asterix)

유럽에서 미국의 디즈니랜드와 같은 테마공원을 여행하고 싶은 사람들은 프랑스에서 큰 만족을 얻을 수 있을 것이다. 파리 근교에는 두 개의 훌륭한 테마공원이 자리하고 있는데 미국 디즈니랜드의 유럽판인 유로디즈니와 아스테릭스, 오벨릭스로 대표되는 프랑스 골족의 생활상에 초점을 맞추어 건설된 순수 프랑스판의 아스테릭스 공원이 그것이다.

유로디즈니의 경우는 "스페이스마운틴", "잠자는 숲속의 공주의 성" 등 볼거리와 놀이 시설이 다양하며, 아스테릭스 공원도 "제우스의 천둥", "구뒤릭스", "트랜스 데모니움"과 같이 아슬아슬하고 짜릿한 기분을 느끼게 해주는 놀이시설부터 가족단위의 관광객이 이용할 수 있는 것까지 다양한 시설을 갖추고 있다.

대중 교통수단의 경우 고속전철을 이용하는 것이 좋다. 유로디즈니는 마른 라 발레 셰시(Marne-la Valle-Chessy) 방향으로 가는 RER A(A4)선을 이용하는데 열차 간격은 10~20분이다. 파리에서 북쪽으로 30km 지점에 위치한 아스테릭스 공원으로 갈 때는 샤를 드골 공항으로 가는 RER B(B3)선을 타고 샤를 드골 공항 1터미널(Roisy CDG 1)에 내려 루와씨 버스정류장에서 공원으로 가는 버스로 갈아탄다. 오전 9시부터 오후 18시까지 30분 간격으로 버스가 있다.

문제 발생

1. 긴급 상황
2. 도난
3. 분실
4. 신용카드 · 여권 재발행
5. 병원
6. 약국
7. 차 고장
8. 교통사고
9. 길을 잃었을 때

❶ 긴급 상황

아주 급합니다.
C'est urgent.
쎄 뛰르장

유용한 표현

- 앰뷸런스를 불러 주세요.
  Appelez une ambulance s'il vous plaît.
  아쁠레 윈 앙뷜랑쓰 씰 부 쁠래

- 의사/경찰을 불러주세요.
  Appelez un médecin/la police.
  아쁠래 앵 메드쌩/라 뽈리쓰

- 도와줄 사람을 보내주세요.
  S'il vous plaît, j'ai besoin d'aide.
  씰 부 쁠래 줴 브주앵 대드

- 친구가 없어졌어요.
  Mon ami a disparu.
  몬 아미 아 디스빠뤼

- 배가 너무 아파요.
  J'ai très mal au ventre.
  줴 트레 말 오 방트르

- 기분이 좋지 않아요.

  Je ne me sens pas bien.
  쥬 느 므 쌍 빠 비엥

- 가장 가까운 병원이 어디죠?

  Où est l'hôpital le plus proche ?
  우 에 로삐딸 르 쁠뤼 프로슈

- 병원으로 데려가 주세요.

  S'il vous plaît, conduisez-moi à l'hôpital le plus proche. 씰 부 쁠래 꽁뒤제 무와 아 로삐딸 르 쁠뤼 프로슈

- 여기 부상자 한 명이 있습니다.

  Il y a un blessé ici.
  일 리 아 앵 블레쎄 이씨

- 제가 병원으로 데려다 줄게요.

  Je vous conduis à l'hôpital.
  쥬 부 꽁뒤 아 로삐딸

 어 휘

병원	hôpital	오삐딸
부상자	blessé	블레쎄
앰뷸런스	ambulance	앙뷜랑쓰
의사	médecin	메드쌩
도움	aide	애드
사라지다	disparaître	디스빠래트르

❷ 도난

여권을 도난당했습니다.
On a volé mon passeport.
온 아 볼레 몽 빠쓰뽀르

 유용한 표현

- 저 사람을 붙잡아요!
  Attrapez-le!
  아트라뻬 르

- 경찰을 불러 주세요!
  Appelez la police!
  아쁠레 라 뽈리쓰

- 한국대사관에 연락해 주십시오.
  S'il vous plaît, pouvez-vous appeler l'Ambassade de Corée ? 쌀 부 쁠래 뿌베 부 아쁠레 랑바싸드 드 꼬레

- 도둑이야!
  Au voleur!
  오 볼뢰르

- 지하철에서 지갑/가방을 소매치기 당했습니다.
  On a volé mon portefeuill/mon sac.
  온 아 볼레 몽 뽀르뜨피이/몽 싹

- 소매치기 당했습니다.
  Je me suis fait voler.
  쥬 므 쒸 패 볼레

- 저 남자가 제 가방을 훔쳐갔어요.
  Cet homme a volé mon sac.
  쎄 똠므 아 볼레 몽 싹

- 바로 저 사람이에요.
  C'est cet homme-là.
  쎄 쎄 똠므 라

- 한국어를 할 수 있는 분은 계십니까?
  Y a-t-il quelqu'un qui parle coréen ?
  이 아 띨 껠깽 끼 빠를르 꼬레엥

문제 발생

비상시 반드시 필요한 전화번호

- SAMU / 응급실 : 15
- 화재 : 18
- 경찰 : 17
- SOS 의료진 (파리) : (33) (0) 1-47-07-77-77
- SOS 약사(파리) : (33) (0) 1-45-00-35-00

❸ 분실

분실계는 어디입니까?
Où dois-je faire une déclaration de perte ?
우 두와 쥬 패르 윈 데끌라라씨옹 드 뻬르뜨

 유용한 표현

- 여권/여행자 수표를 분실했습니다.
  J'ai perdu mon passeport/mes chèques de voyage.
  줴 뻬르뒤 몽 빠쓰뽀르/메 세그 드 부와야쥬

- 어디에서 찾을 수 있습니까?
  Où dois-je aller pour le récupérer ?
  우 두와 쥬 알레 뿌르 르 레뀌뻬레

- 제 가방을 찾으면 연락 바랍니다.
  S'il vous plaît, appelez-moi si vous trouvez mon sac.
  씰 부 쁠래 아쁠레 무와 씨 부 트루베 몽 싹

- 물건을 어디에서 잃어버리셨죠?
  Où l'avez-vous perdu ?
  우 라베 부 뻬르뒤

- 기억이 나지 않습니다.
  Je ne me rappelle pas.
  쥬 느 므 라뻴 빠

- 저희가 보관하고 있겠습니다.

  Nous le gardons.
  누 르 가르동

- 찾으면 연락드리겠습니다.

  Si nous le trouvons, nous vous appellerons.
  씨 누 르 트루봉 누 부 자뻴르롱

- 어떻게 연락하면 됩니까?

  Comment pouvons-nous vous joindre ?
  꼬망 뿌봉 누 부 주앵드르

- 짐이 보이지 않습니다.

  Je ne retrouve pas mon bagage.
  쥬 느 르트루브 빠 몽 바가쥬

- 즉시 카드를 지불 정지시켜 주세요.

  Veuillez faire opposition à ma carte immédiatement, s'il vous plaît.
  뵈이예 패르 오뽀지씨옹 아 마 까르뜨 이메디아뜨망 씰 부 쁠래

문제 발생

어 휘

· 분실 신고	déclaration de perte	데끌라라씨옹 드 뻬르뜨
· 보관하다	garder	갸르데
· 지불 정지	opposition	오뽀지씨옹
· 기억하다	se rappeler	스 라쁠레

직원	물건을 어디서 잃어버렸죠? Où l'avez-vous perdu ? 우 라베 부 뻬르뒤
여행자	지갑을 어디에서 잃어버렸는지 모르겠습니다. Je ne sais pas où j'ai perdu mon portefeuille. 쥬 느 쌔 빠 우 줴 뻬르뒤 몽 뽀르뜨푀이
직원	지갑에 뭐가 들어있습니까? Qu'y avait-il dans ce portefeuille ? 끼 아배 띨 당 쓰 뽀르뜨푀이
여행자	약간의 현금하고 여행자수표요. Des espèces et mes chèques de voyages. 데 제스뻬쓰 에 메 셰끄 드 부와야쥬
직원	분실기록서를 작성해 주십시오. Remplissez une déclaration de vol, s'il vous plaît. 랑쁠리쎄 윈 데끌라라씨옹 드 볼 씰 부 쁠래
여행자	찾게 되면 여기로 연락바랍니다. S'il vous plaît, pouvez-vous m'appeler à ce numéro si vous le trouvez. 씰 부 쁠래 뿌베 부 마쁠레 아 쓰 뉘메로 씨 부 르 트루베

여행중에 도난이나 기타 사고를 당했을 경우

그런 일이 일어나지 않도록 조심하는 것이 가장 중요하지만, 일단 당하게 되면 가까운 경찰서로 가서 신고하거나 현지 교민의 도움을 청하도록 하는 것이 좋다. 여권을 분실하면 대사관이나 영사관을 찾아가서 신고해야 한다. 여행자 수표나 현금 등을 분실하면 경찰서를 찾아 분실 신고를 한 후 분실 신고 증명서를 발급받도록 한다. 이것은 여행자가 여행 보험에 가입했을 경우 보험사로부터 보상을 받을 수 있는 근거가 된다.

❹ 신용카드 · 여권 재발행

여권을 재발행해 주십시오.
Pouvez-vous refaire mon passeport, s'il vous plaît ? 뿌베 부 르패르 몽 빠쓰뽀르 씰 부 쁠래

 유용한 표현

- 여권을 재발행하러 왔습니다.
  Je suis venu faire refaire mon passeport.
  쥬 쒸 브뉘 패르 르패르 몽 빠쓰뽀르

- 재발행할 수 있습니까?
  Pouvez-vous me le rééditer ?
  뿌베 부 므 르 레에디떼

- 구입 증명서를 갖고 있나요?
  Avez-vous l'autorisation d'achat ?
  아베 부 로또리자씨옹 다샤

- 언제 발행해 받을 수 있습니까?
  Quand est-ce que je peux le faire rééditer ?
  깡 떼쓰 끄 쥬 쁘 르 패르 레에디떼

- 어디서 발행해 받을 수 있습니까?
  Où puis-je le faire rééditer ?
  우 쀠쥬 르 패르 레에디떼

- 재발행하는 데 시간이 얼마나 걸립니까?

    Combien de temps faut-il pour le faire rééditer?
    꽁비엥 드 땅 포 띨 뿌르 르 패르 레에디떼

- 새 카드는 언제 받을 수 있나요?

    Quand est-ce que je pourrai avoir la nouvelle carte ?
    깡 떼쓰 끄 쥬 뿌래 아부와르 라 누벨 까르뜨

- 카드를 취소시켜 주세요.

    Annulez ma carte, s'il vous plaît.
    아뉠레 마 까르뜨 씰 부 쁠래

 어 휘

· 재발행하다	rééditer	레에디떼
· 언제	quand	깡
· 구입 증명서	autorisation d'achat	오또리자씨옹 다샤

신용카드 분실시

가능한 한 빨리 카드를 취소시켜야 한다. 따라서 카드의 16자리 숫자를 적어서 카드와 다른 장소에 항상 보관해야 한다. 카드 취소 센터로 전화하고 나서 은행으로부터 신고한 내용을 서한으로 확인받아야 한다.

❺ 병원

몸이 좋지 않습니다.
Je ne me sens pas bien.
쥬 느 므 쌍 빠 비엥

진찰실

- 어디가 아프십니까?

  Qu'est-ce qui ne va pas ?
  께쓰 끼 느 바 빠

- 한국어를 할 수 있는 의사는 안 계신가요?

  Y a-t-il un médecin qui comprend le coréen ?
  이 아 띨 앵 메드쌩 끼 꽁프랑 르 꼬레엥

- 겉옷을 벗어주시겠습니까?

  Pouvez-vous enlever votre manteau ?
  뿌베 부 앙르베 보트르 망또

- 여기 누워보십시오.

  S'il vous plaît, couchez-vous ici.
  씰 부 쁠래 꾸셰 부 이씨

- 셔츠의 단추를 풀러주십시오.

  Déboutonnez votre chemise, s'il vous plaît.
  데부또네 보트르 슈미즈 씰 부 쁠래

278

- 깊이 숨을 쉬어 보십시오.
  Respirez profondément.
  레스삐레 프로퐁데망

- 입을 벌리고 아 해보십시오.
  Ouvrez la bouche et dites ≪A≫.
  우브레 라 부슈 에 디뜨 아

- 맥박을 재보겠습니다.
  Laissez-moi prendre votre pouls.
  래쎄 무와 프랑드르 보트르 뿌

- 체온을 재보겠습니다.
  Laissez-moi prendre votre température.
  래쎄 무와 프랑드르 보트르 땅뻬라뛰르

- 상태가 어떻습니까?
  Comment vous sentez-vous ?
  꼬망 부 쌍떼 부

- 여기가 아파요.
  J'ai mal ici.
  줴 말 이씨

- 다쳤어요.
  Je suis blessé.
  쥬 쒸 블레쎄

의사에게 문의

- 여행을 계속해도 되나요?

    Puis-je continuer mon voyage ?
    쥬 꽝띠뉘에 몽 봐아쥬

- 걸어도/목욕해도 되나요?

    Je peux marcher/prendre un bain ?
    쥬 쁘 마르셰 /프랑드르 앵 뱅

- 어디가 나쁜가요?

    Qu'est-ce que j'ai ?
    께쓰 끄 줴

- 이 보험증을 사용할 수 있습니까?

    Je peux utiliser cette carte d'assurance ?
    쥬 쁘 위띨리제 쎄뜨 까르뜨 다쒸랑쓰

- 진단서를 끊어주시겠어요?

    Puis-je avoir un certificat médical ?
    쀠쥬 아부와르 앵 쎄르띠피까 메디꺌

- 언제 회복될까요?

    Quand est-ce que j'irai mieux ?
    깡 떼쓰 끄 지래 미유

- 입원해야 하나요?

    Dois-je être hospitalisé(e) ?
    두와 쥬 에트르 오스삐딸리제

의사의 처방

- 처방전을 드리겠습니다.
  Je vais vous donner une ordonnance.
  쥬 배 부 도네 윈 오르도낭쓰

- 주사를 놓겠습니다.
  Je vais vous faire une piqûre.
  쥬 배 부 패르 윈 삐뀌르

- 이틀간 누워 있어야 합니다.
  Vous devez rester au lit pendant deux jours.
  부 드베 레스떼 오 리 빵당 되 쥬르

- 담배와 술을 금하십시오.
  Il faut que vous arrêtiez de fumer et de boire de l'alcool.
  일 포 끄 부 자레띠에 드 퓌메 에 드 부와르 드 랄꼴

- 처방전을 가지고 약국에 가십시오.
  Allez voir un pharmacien avec cette ordonnance.
  알레 부와르 앵 파르마씨엥 아베끄 쎄뜨 오르도낭쓰

문제 발생

 어 휘

· 처방전	ordonnance	오르도낭쓰
· 주사	piqûre	삐뀌르
· 진단서	certificat médical	쎄르띠피까 메디꺌

281

의사	어디가 아프십니까? **Où avez-vous mal?** 우 아베 부 말
환자	여기가 아픕니다. **J'ai mal ici.** 쮀 말 이씨

의사	그밖에는요? **Autre chose?** 오트르 쇼즈
환자	토할 것 같아요. **J'ai la nausée. / J'ai envie de vomir.** 쮀 라 노제 / 쮀 앙비 드 보미르

의사	혈액형은 무엇입니까? **Quel est votre groupe sanguin?** 껠 에 보트르 그루쁘 쌍갱
환자	저의 혈액형은 AB형입니다. **Je suis du groupe AB.** 쥬 쒸 뒤 그루쁘 아베

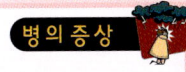
병의 증상

- 머리가 아파요.
  J'ai mal à la tête.
  쥌 말 알 라 떼뜨

- 설사가 납니다.
  J'ai la diarrhée.
  쥌 라 디아레

- 토할 것 같아요.
  J'ai envie de vomir.
  쥌 앙비 드 보미르

- 현기증이 납니다.
  J'ai le vertige.
  쥌 르 베르띠쥬

- 열이 있어요.
  J'ai de la fièvre.
  쥌 들 라 피에브르

- 기침이 납니다.
  Je tousse.
  쥬 뚜쓰

- 콧물이 납니다.
  J'ai le nez qui coule.
  쥌 르 네 끼 꿀

- 목이 심하게 아픕니다.
  J'ai très mal à la gorge.
  쥌 트레 말 알 라 고르쥬

- 식욕이 없어요.
  J'ai perdu l'appétit.
  쥌 뻬르뒤 라뻬띠

- 속이 쓰리고 소화가 되질 않습니다.
  J'ai des brûlures à l'estomac et j'ai une indigestion.
  쥌 데 브륄뤼르 아 레스또마 에
  쥌 윈 앵디제스띠옹

- 감기 걸렸어요.
  J'ai pris froid.
  쥌 프리 프루와

- 저는 알레르기가 있어요.
  Je suis allergique.
  쥬 쒸 알레르지끄

- 온 몸에 두드러기가 났어요.
  J'ai des boutons sur tout le corps. 쥌 데 부똥 쒸르 뚜 르 꼬르

- 발목이 삐었습니다.
  Je me suis foulé la cheville.
  쥬 므 쒸 풀레 라 슈비

- 다리가 부러졌어요.
  J'ai la jambe cassée. /
  Je me suis cassé la jambe.
  쥌 라 쟝브 까쎄 /
  쥬 므 쒸 까쎄 라 쟝브

문제 발생

❻ 약국

이 처방전 대로 약을 조제해 주세요.
Donnez-moi des médicaments prescrits sur cette ordonnance, s'il vous plaît.
도네 무와 데 메디까망 프레쓰크리 쒸르 쎄뜨 오르도낭쓰 씰 부 쁠래

유용한 표현

- 처방전 없이도 약을 살 수 있나요?
  Je peux acheter un médicament sans ordonnance ?
  쥬 쁘 아슈떼 앵 메디까망 쌍 조르도낭쓰

- 감기약/위장약/설사약 좀 주세요.
  Je voudrais un médicament pour le rhume /le mal d'estomac/la diarrhée.
  쥬 부드래 앵 메디까망 뿌르 르 륌/ 르 말 데쓰또마/ 라 디아레

- 피로회복제 있나요?
  Vous avez quelque chose pour la fatigue ?
  부 자베 껠끄 쇼즈 뿌르 라 파띠그

- 어떻게 복용해야 합니까?
  Comment dois-je prendre ceci ?
  꼬망 두와 쥬 프랑드르 쓰씨

- 약을 몇 회 복용해야 합니까?
  Je prends ce médicament combien de fois par jour ?
  쥬 프랑 쓰 메디까망 꽁비엥 드 푸와 빠르 쥬르

- 식전에 먹습니까? 식후에 먹습니까?

    Avant ou après les repas ?
    아방 우 아프레 레 르빠

- 부작용이 있습니까?

    Quels sont les effets secondaires ?
    껠 쏭 레 제페 스공대르

- 의사한테 가십시오.

    Voyez un médecin, s'il vous plaît.
    부와이에 앵 메드쌩 씰 부 쁠래

 어 휘

· 하루에 몇 회	combien de fois par jour	꽁비엥 드 푸와 빠르 쥬르
· 부작용	effets secondaires	에페 스공대르
· 설사	diarrhée	디아레

문제 발생

여행자 이 처방전대로 약을 조제해 주시겠어요?
Pouvez-vous me donner des médicaments prescrits sur cette ordonnance, s'il vous plaît ?
뿌베 부 므 도네 데 메디 까망 프레스크리 쒸르 쎄뜨 오르도낭쓰 씰 부 쁠래

약사 예, 약 여기 있습니다.
OK, voici vos médicaments.
오께 부와씨 보 메디까망

여행자 하루에 몇 번 약을 복용해야 합니까?
Je dois prendre ce médicament combien de fois par jour ?
쥬 두와 프랑드르 쓰 메디까망 꽁비엥 드 푸와 빠르 쥬르

약사 식후/식전에 하루 세 번 복용하십시오.
Prenez ceci 3 fois par jour, après/avant les repas.
프르네 쓰씨 트루와 푸와 빠르 쥬르 아프레/아방 레 르빠.

여행자 위장약 있습니까?
Je peux acheter des pastilles pour l'estomac, ici ? 쥬 쁘 아슈떼 데 빠쓰띠 뿌르 레쓰또마 이씨

약사 처방전 없이는 약을 팔 수 없습니다.
Nous ne pouvons pas vous vendre ceci sans ordonnance.
누 느 뿌봉 빠 부 방드르 쓰씨 쌍 조르도낭쓰

신체의 부분

- 머리 la tête 라 떼뜨
- 코 le nez 르 네
- 팔꿈치 le coude 르 꾸드
- 입 la bouche 라 부슈
- 팔 le bras 르 브라
- 가슴 la poitrine 라 뿌와트린
- 허리 la taille 라 따이
- 눈 l'œil(les yeux) 뢰이으(레 지유)
- 얼굴 le visage 르 비자쥬
- 귀 l'oreille (les oreilles) 로레이(레조레이)
- 턱 le menton 르 망똥
- 목 le cou 르 꾸
- 머리 카락 les cheveux 레 슈뵈
- 등 le dos 르 도
- 손 la main 라 맹
- 엄지 le pouce 르 뿌스
- 손가락 le doigt 르 두와
- 엉덩이 les hanches 레 앙슈
- 무릎 le genou 르 쥬누
- 다리 la jambe 라 장브
- 발가락 l'orteil 로르떼이
- 발 le pied 르 삐에

문제 발생

7 차 고장

제 차가 고장났습니다.
Ma voiture est tombée en panne.
마 부와뛰르 에 똥베 앙 빤

 유용한 표현

- 브레이크가 잘 작동하지 않습니다.
  Les freins ne marchent pas bien.
  레 프랭 느 마르슈 빠 비엥

- 클러치에 이상이 있는 것 같습니다.
  L'embrayage ne marche pas bien.
  랑브래아쥬 느 마르슈 빠 비엥

- 차의 상태가 좋지 않습니다.
  Il y a quelque chose qui ne va pas dans ma voiture.
  일 리 아 껠끄 쇼즈 끼 느 바 빠 당 마 부와뛰르

- 수리기사를 불러주세요.
  Pouvez-vous appeler un réparateur/un garagiste.
  뿌베 부 자쁠레 앵 레빠라뙤르/갸라지쓰뜨

- 한번 봐주실래요?
  Pouvez-vous vérifier, s'il vous plaît ?
  뿌베 부 베리피에 씰 부 쁠래

- 밧데리가 나갔습니다.

  La batterie est morte.

  라 밧뜨리 에 모르뜨

- 수리는 언제 됩니까?

  Il faut combien de temps pour le(la) réparer ?

  일 포 꽁비엥 드 땅 뿌르 르(라) 레빠레

- 엔진이 고장입니다.

  Le moteur est en panne.

  르 모뙤르 에 땅 빤

 어 휘

· 고장	en panne	앙 빤
· 수리기사	réparateur/garagiste	레빠라뙤르/갸라지스뜨
· 밧데리	batterie	밧뜨리
· 엔진	moteur	모뙤르
· 클러치	embrayage	앙브래야쥬

❽ 교통사고

교통사고를 당했습니다.
Il y a un accident de voiture.
일 리 아 앵 악씨당 드 부와뛰르

 사고 발생

- 교통사고를 신고하려고 합니다.
  ### Je voudrais signaler un accident de voiture.
  쥬 부드래 씨냘레 앵 악씨당 드 부와뛰르

- 교통사고에 연루되었습니다.
  ### J'ai eu un accident de voiture.
  줴 위 앵 악씨당 드 부와뛰르

- 자동차에 치었습니다.
  ### J'ai été heurté(e) par une voiture.
  줴 에떼 외르떼 빠르 윈 부와뛰르

- 뺑소니 차에 치었어요.
  ### Il y a eu un accident avec délit de fuite.
  일 리 아 앵 악씨당 아베끄 델리 드 퓌뜨

- 부상자가 있습니다.
  ### Il y a des blessés.
  일 리 아 데 블레쎄

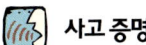 사고 증명

- 사고 증명서를 주십시오.

  Présentez -moi le constat de l'accident, s'il vous plaît.

  프레장떼 무와 르 꽁스따 드 락씨당 씰 부 쁠래

- 연락할 곳이 있나요?

  Y a-t-il des personnes à prévenir ?

  이 아 띨 데 뻬르쏜 아 프레브니르

- 보험회사에 연락해 주세요.

  Pouvez-vous contacter la compagnie d'assurance.

  뿌베 부 꽁딱떼 라 꽁빠니 다쒸랑쓰

- 제 잘못이 아닙니다.

  Ce n'était pas ma faute.

  쓰 네떼 빠 마 포뜨

- 저는 교통신호를 지켰습니다.

  J'ai vraiment respecté le code de la route.

  줴 브래망 레스뻭떼 르 꼬드 들 라 루뜨

- 저는 녹색신호등에서 길을 건넜습니다.

  J'ai traversé la rue quand le feu était vert.

  줴 트라베르쎄 라 뤼 깡 르 푀 에때 베르

- 저는 교통신호를 무시했습니다.

  Je n'ai pas fait attention au feu. / J'ai grillé le feu.

  쥬 내 빠 패 아땅씨옹 오 푀 / 줴 그리에 르 푀

- 국제 운전면허증과 여권입니다.
  Voici mon permis international et mon passeport.
  부와씨 몽 뻬르미 앵떼르나씨오날 에 몽 빠쓰뽀르

- 사고가 어디에서 났습니까?
  Où a eu lieu l'accident ?
  우 아 위 리유 락씨당

- 이제 가도 됩니까?
  Puis-je poursuivre mon chemin ?
  쀠쥬 뿌르쉬브르 몽 슈맹

- 다친 사람이 있습니까?
  Quelqu'un est blessé ?
  껠깽 에 블레쎄

사고 발생

보험이 유효하다면 별 문제 없이 처리된다. 사소한 사고는 사고 경위서를 작성하면 된다. 만약 법을 위반했다면 보고서 작성을 위해 경찰을 불러야 한다. 사고의 피해가 크다면 화재담당(18)이나 SAMU / 긴급 의료 서비스로 연락한다.

실용회화 Dialogue

경찰서 경찰서입니다. 무엇을 도와드릴까요?
Police, je peux vous aider ?
뽈리쓰 쥬 쁘 부 재데

사고자 교통사고를 신고하려고 합니다.
Je voudrais signaler un accident de voiture. 쥬 부드래 씨냘레 앵 악씨당 드 부와뛰르

경찰서 부상자가 있나요?
Quelqu'un est blessé ?
껠꺙 에 블레쎄

사고자 제 남편이 부상을 입었습니다.
Mon mari est blessé.
몽 마리 에 블레쎄

경찰서 응급처치는 했습니까?
Vous avez donné les premiers secours ?
부 자베 도네 레 프르미에 스꾸르

사고자 예, 했습니다. 앰뷸런스를 불러 주십시오.
Oui. Appelez une ambulance, s'il vous plaît. 위 아뻴레 윈 앙뷜랑쓰 씰 부 쁠래

❾ 길을 잃었을 때

실례합니다만 길을 잃었습니다.
Excusez-moi, je suis perdu(e).
엑쓰뀌제 무와 쥬 쒸 뻬르뒤

유용한 표현

- 지금 여기가 어디죠?
  Où suis-je maintenant ?
  우 쒸 쥬 맹뜨낭

- 지도상에서 제가 어디에 있는 겁니까?
  Où suis-je sur la carte ?
  우 쒸 쥬 쒸르 라 까르뜨

- 여기에 약도 좀 그려주십시오.
  Pourriez-vous me dessiner une carte, s'il vous plaît.
  뿌리에 부 므 데씨네 윈 까르뜨 씰 부 쁠래

- 제 지도에 표시해 주시겠어요?
  Pouvez-vous me l'indiquer sur la carte ?
  뿌베 부 므 랭디께 쒸르 라 까르뜨

- 어떻게 가야 합니까?
  Comment puis-je aller là-bas ?
  꼬망 쀠쥬 알레 라바

- 여기서 가까운가요?
  C'est pres d'ici ?
  쎄 프레 딧씨

- 이 길은 무슨 길입니까?
  Quelle est cette rue ?
  껠 에 쎄뜨 뤼

- 얼마나 걸립니까?
  Il faut combien de temps ?
  일 포 꽁비엥 드 땅

- 그곳에 가려면 얼마나 걸립니까?
  Il faut combien de temps pour aller là-bas ?
  일 포 꽁비엥 드 땅 뿌르 알레 라바

- 여기서 몇 정거장입니까?
  Il y a combien d'arrêts d'ici à cet endroit ?
  일 리 아 꽁비엥 다레 딧씨 아 쎄뜨 앙드루와

- 이 길의 이름은 무엇입니까?
  Quel est le nom de cette rue ?
  껠 에 르 농 드 쎄뜨 뤼

문제 발생

여행자 실례합니다만, 길을 잃었어요. 여기가 어디인가요?
Excusez-moi, je suis perdu(e), où suis-je maintenant ?
엑쓰뀌제 무와 쥬 쒸 뻬르뒤 우 쒸 쥬 맹뜨낭

경찰 어디 가려고 하십니까?
Vous allez où ?
부 잘레 우

여행자 저는 힐튼호텔에 가려고 합니다.
Je voudrais aller à l'hôtel Hilton.
쥬 부드래 알레 아 로뗄 일뜬

경찰 바로 건너가셔서 오른쪽으로 도세요.
Allez tout droit puis tournez à droite.
알레 뚜 드루와 쀠 뚜르네 아 드루와뜨

여행자 아주 먼가요?
C'est loin d'ici ?
쎄 루앵 딧씨

경찰 아니오, 그리 멀지는 않습니다.
Non, pas trop loin.
농 빠 트로 루앵

귀국

1. 예약 재확인
2. 출국

❶ 예약 재확인

재확인을 부탁해요.
Je voudrais reconfirmer la réservation.
쥬 부드래 르꽁피르메 라 레제르바씨옹

유용한 표현

- 대기자 명단에 몇 명이 있습니까?

    Combien de personnes sont-elles sur la liste d'attente ?
    꽁비엥 드 뻬르쏜 쏭 뗄 쒸르 라 리스뜨 다땅뜨

- 대기자 명단에 있어야 합니까?

    Dois-je m'inscrire sur la liste d'attente ?
    두와 쥬 맹스크리르 쒸르 라 리스뜨 다땅뜨

- 아침 비행에 좌석이 있습니까?

    Vous reste-t-il des places sur le vol du matin ?
    부 레스뜨 띨 데 쁠라쓰 쒸르 르 볼 뒤 마땡

- 한국에서 예약했는데요.

    J'ai fait ma réservation en Corée.
    줴 패 마 레제르바씨옹 앙 꼬레

- 재확인해야 합니까?

    Dois-je reconfirmer mon vol ?
    두와 쥬 르꽁피르메 몽 볼

- 몇 시에 체크인합니까?

  A quelle heure enregistrons-nous ?
  아 껠 뢰르 앙르지쓰트롱 누

- 제 이름이 리스트에 있습니까?

  Mon nom est-il sur la liste ?
  몽 농 에 띨 쒸르 라 리스뜨

- 재확인되었습니다.

  Votre vol a été reconfirmé.
  보트르 볼 아 에떼 르꽁피르메

- 몇 시에 체크인해야 합니까?

  A quelle heure dois-je enregistrer ?
  아 껠 뢰르 두와 쥬 앙르지스트레

- 몇 편 비행기입니까?

  Quel est votre numéro de vol ?
  껠 에 보트르 뉘메로 드 볼

귀국

깜짝센스

예약 재확인

항공권의 재확인 절차, 즉 해당일에 그 항공편을 이용하겠다는 의사를 늦어도 출발 3일 전까지 항공사에 알리는 것. 리컨펌이 늦어질 경우 예약 취소로 간주하여 대기자들로 자리를 채우기 때문에 자칫하면 비행기를 타지 못하는 불상사를 초래할 수 있으므로 요주의!

❷ 출국

출국 수속 카운터는 어디입니까?
Où est le comptoir d'enregistrement ?
우 에 르 꽁뚜와르 당르지쓰트르망

 유용한 표현

- 서울에 몇 시에 도착합니까?
  A quelle heure arriverons-nous à Séoul ?
  아 껠 뢰르 아리브롱 누 아 쎄울

- 출국카드가 필요합니까?
  Ai-je besoin d'une carte d'embarquement ?
  애 쥬 브주앵 뒨 까르뜨 당바르끄망

- 출국 신고서를 써야 합니까?
  Faut-il remplir une fiche d'embarquement ?
  포 띨 랑쁠리르 윈 피슈 당바르끄망

- 출국 신고서를 어디에서 받습니까?
  Où puis-je avoir une fiche d'embarquement ?
  우 쀠쥬 아부와르 윈 피슈 당비르끄망

- 공항요금을 내야 합니까?
  Dois-je payer la taxe d'aéroport ?
  두와 쥬 뻬이에 라 딱쓰 다에로뽀르

- 최종 도착지를 체크해주세요.
  Vérifiez la destination finale.
  베리피에 라 데쓰띠나씨옹 피날

- 수하물 초과요금은 얼마입니까?
  L'excédent de bagage est de combien ?
  렉쎄당 드 바가쥬 에 드 꽁비엥

- 추가요금을 내야 합니다.
  Vous devez payer l'excédent de bagage.
  부 드베 뻬이에 렉쎄당 드 바가쥬

- 몇 번 게이트입니까?
  Quel est le numéro de la porte ?
  껠 에 르 뉘메로 들 라 뽀르뜨

- 탑승 게이트는 어디입니까?
  Où est la porte d'embarquement ?
  우 에 라 뽀르뜨 당바르끄망

귀국

어 휘

출국카드	carte d'embarquement	까르뜨 당바르끄망
공항요금	taxe d'aéroport	딱스 다에로뽀르
마지막의	final(e)	피날
초과	excédent	엑쎄당

명소·볼거리

◆ 르와르(Loire) 강가의 고성들

르와르 강은 프랑스 남서쪽으로 흐르는 프랑스에서 제일 긴 강이다. 프랑스를 가로지르는 이 강의 중류에는 따뜻하고 산림이 우거진 르와르 계곡이 있는데 포도주 재배로도 유명한 이 계곡을 따라 중세풍의 성들이 늘어서 있다.

르와르 계곡의 핵심지대는 파리에서부터 230km 떨어져 있는 투르(Tours)지역이며, 큰 성들은 이곳을 중심으로 모여 있다. 파리의 오스테를리츠 역로부터 기차가 수시로 운행되며 투르 역에서 각 성으로 출발하는 버스가 있다. 부지런히 돌아다녀도 하루에 여러 성을 둘러보기는 어려우므로 여유가 있다면 투르에서 1박을 하는 것이 좋다. 아니면 파리에서 버스로 이 지역의 유명한 성 서너 군데를 방문하는 관광여행 코스가 있으므로 이용해본다.

르와르 계곡의 성 중에서 샹보르(Chambord) 성은 남성다운 웅장함과 멋이 있으며 '여인들의 성'이란 별칭이 붙어 있는 슈농소(Chenonceaux)성은 우아하고 섬세한 아름다움을 자랑한다. 이 외에도 블르와성, 앙브와즈 성, 아제 르 리도 성 등 유명한 성들이 즐비하게 늘어서 있다.

핵심단어장

Core Wordbook

핵심 단어장

가능한 한 빨리	le plus tôt possible	르 쁠뤼 또 뽀씨블
가득 채우다	faire le plein	패르 르 쁠렝
가득 채움	plein	쁠렝
가솔린	essence	에쌍쓰
가이드 여행	visite guidée	비지뜨 기데
가이드	guide	기드
가죽제품 가게	maroquinerie	마로낀느리
가지고 가다	à emporter	아 앙뽀르떼
각자 내다	payer séparément	뻬이에 쎄빠라망
갈아타는 곳	correspondance	꼬레스뽕당쓰
갈아타다	changer	샹제
개인 소유물	effets personnels	에페 뻬르쏘넬
객실	cabine	까빈
거리	rue	뤼
거스름돈	décompte / monnaie	데꽁뜨 / 모내
거울	glace	글라쓰
건배	A votre santé / A la vôtre	아 보트르 쌍떼 / 알 라 보트르
건전지	pile	삘
걸어서	à pied	아 삐에
검역	quarantaine	까랑땐
결혼한	marié(e)	마리에
계산대	caisse	께쓰
계속하다	continuer	꽁띠뉘에
계약서	contrat	꽁트라
고속도로	autoroute	오또루뜨
고장	en panne	앙 빤

• 골프장	terrain de golfe	떼랭 드 골프
• 공연	spectacle	스뻭따끌
• 공원	parc / jardin public	빠르끄 / 자르댕 쀠블릭
• 공중전화	cabine publique	까빈 쀠블릭
• 공항버스	bus de l'aéroport	뷔쓰 드 라에로뽀르
• 공항세	taxes d'aéroport	딱스 다에로뽀르
• 공항	aéroport	아에로뽀르
• 과일	fruit	프뤼
• 관광버스	autocar	오또까르
• 관광 안내소	office du tourisme	오피스 뒤 뚜리즘
• 관광지도	plan tourstique	쁠랑 뚜리스띠끄
• 관광	tourisme / visite	뚜리즘 / 비지뜨
• 관세법	droit de douane	드루아 드 두안
• 교차점	carrefour	까르푸르
• 교통사고	accident de voiture	악씨당 드 부와뛰르
• 교통편	moyen de transport	무와이엥 드 트랑쓰뽀르
• 교환수	opératrice	오뻬라트리쓰
• 교환원	opérateur / opératrice	오뻬라뙤르 / 오뻬라트리쓰
• 구명동의	gilet de sauvetage	질레 드 쏘브따쥬
• 구명보트	canot de sauvetage	꺄노 드 쏘브따쥬
• 구명부낭	bouée de sauvetage	부에 드 쏘브따쥬
• 구명조끼	gilet de sauvetage	질레 드 쏘브따쥬
• 국가번호	code pays	꼬드 뻬이
• 국내선	lignes domestiques	리니으 도메스띠끄
• 국제공항	aéroport international	아에로뽀르 앵떼르나씨요날
• 국제면허증	permis de conduire international	뻬르미 드 꽁뒤르 앵떼르나씨요날
• 국제선	lignes internationales	리니으 앵떼르나씨요날
• 국제전화	communication internationale	꼬뮈니까씨옹 앵떼르나씨요날
• 귀중품	objets précieux	오브제 프레씨유
• 극장	théâtre	떼아트르
• 금연석	en zone non-fumeurs	앙 존 농퓌메르

한국어	프랑스어	발음
금하다	arrêter	아레떼
금	fissure	피쒸르
기내반입 수하물	bagage cabine	바가쥬 꺄빈
기내 선반	porte-bagages	뽀르뜨 바가쥬
기념품	souvenir	쑤브니르
기다리다	attendre	아땅드르
기름	essence	에쌍쓰
기본요금	tarif au départ	따리프 오 데빠르
기억하다	se rappeler	스 라쁠레
기장	commandant de bord	꼬망당 드 보르
기차역	gare	갸르
기항지	escale	에스꺌
긴급전화	appel d'urgence	아뻴 뒤르쟝쓰
긴	long	롱
깨다	casser	꺄쎄
깨지기 쉬운	fragile	프라질
꼬냑	cognac	꼬냑

나이프	couteau	꾸또
내리다	descendre	데쌍드르
너무 비싼	trop cher	트로 셰르
노트북	ordinateur portable	오르디나뙤르 뽀르따블
녹색신호등	feu vert	피 베르
눕다	se coucher	스 꾸셰

한국어	프랑스어	발음
다림질하다	repasser	르빠쎄
다시 걸다	rappeler	라쁠레
다이얼을 누르다	composer	꽁뽀제
단추를 풀다	déboutonner	데부또네
단추	bouton	부똥
담배를 피우다	fumer	퓌메
담요	couverture	꾸베르뛰르
대개	en général	앙 제네랄
대기자 명단	liste d'attente	리스뜨 다땅뜨
대사관	ambassade	앙바싸드
대합실	salle de transit	쌀 드 트랑지뜨
덥다	avoir chaud	아부와르 쇼
도난증명	déclaration de vol	데끌라라씨옹 드 볼
도로지도	carte routière	까르뜨 루띠에르
도움	aide	애드
도착지	ville d'arrivée(de destination)	빌 다리베(드 데스띠나씨옹)
도착하다	arriver	아리베
독서등	liseuse	리죄즈
돌다	tourner	뚜르네
동물원	zoo	조
드라이클리닝	nettoyage à sec	네뚜와아쥬 아 쎅
드라이	brushing	브뤼싱
등기우편	lettre recommandée	레트르 르꼬망데
등기	en recommandé	앙 르꼬망데
등록증	carte grise	까르뜨 그리즈
디스코장	boîte de nuit	부와뜨 드 뉘이
디지털 카메라	caméra numérique	꺄메라 뉘메리끄
떠나다	partir	빠르띠르
똑바로	tout droit	뚜 드루와

핵심단어장

ㄹ

럼주	rhum	럼
레귤러	ordinaire	오르디내르
리필하다	resservir	르쎄르비르
립스틱	rouge à lèvres	루쥬 아 레브르

ㅁ

마감하다	fermer	페르메
마지막	dernier	데르니에
막간 휴식	entracte	앙트락뜨
만석	complet	꽁쁠레
맛있는	délicieux	델리씨유
매일	tous les jours	뚤 레 쥬르
매표소	guichet	기셰
맥주	bière	비에르
머무르다	rester	레스떼
멀미 봉투	sac pour mal de l'air	싹 뿌르 말 드 래르
멈추다	s'arrêter	싸레떼
메뉴	carte	까르뜨
면세점	boutique hors taxes	부띠끄 오르딱쓰
면세품	produits détaxés	프로뒤 데딱쎄
명소	sites touristiques	씨뜨 뚜리스띠끄
모닝콜	réveil téléphonique	레베이 뗄레포니끄
모닝투어	excursion du matin	엑쓰뀌르씨옹 뒤 마땡
무료	gratuit	그라뛰
무역회사	société d'import-export	쏘씨에떼 댕뽀르 엑쓰뽀르
뮤지컬	comédie musicale	꼬메디 뮈지꺌
미터계	compteur	꽁뙤르

바꾸다	changer	샹제
박물관	musée	뮈제
반입 금지품	article prohibé	아르띠끌 프로이베
반품하다	retourner	르뚜르네
방문하다	visiter	비지떼
배낭여행자	routard	루따르
배달	livraison	리브래종
버스정류장	arrêt	아레
버튼	bouton / sonnette	부똥 / 쏘네뜨
번호안내	renseignements	랑쎄뉴망
베개	oreiller	오레이에
변경하다	modifier	모디피에
병원	hôpital	오삐딸
보관하다	garder	갸르데
보여주다	montrer	몽트레
보증금	caution	꼬씨옹
보험	assurance	아쒸랑쓰
부르다	appeler	아쁠레
분실물 취급소	Objets trouvés	오브제 투르베
분실신고	déclaration de perte	데끌라라씨옹 드 뻬르뜨
분실증명서	déclaration de perte	데끌라라씨옹 드 뻬르뜨
불편한	incommode	앵꼬모드
비행기 멀미	mal de l'air	말 드 래르
비행기 번호	numéro de vol	뉘메로 드 볼
비행기 편명	numéro de vol	뉘메로 드 볼
빈	libre	리브르

핵심단어장

한국어	프랑스어	발음
사고	accident	악씨당
사다	acheter	아슈떼
사진찍다	prendre des photos	프랑드르 데 포또
산소마스크	masque à oxygène	마스끄 아 옥씨젠
색다른	de particulier	드 빠르띠뀔리에
색상	couleur	꿀뢰르
생맥주	bière à la pression	비에르 알 라 프레씨옹
생선가게	poissonnerie	뿌와쏜느리
샴페인	champagne	샹빠뉴
샴푸	shampoing	샹뿌앵
서두르다	se dépêcher	스 데뻬셰
서명	signature	씨냐뛰르
서점	librairie	리브래리
선불하다	payer d'avance	뻬이에 다방쓰
선실	cabine	까빈
선편	courrier par bateau	꾸리에 빠르 바또
설탕	sucre	쒸크르
성수기	haute saison	오뜨 쌔종
세관검사	douane	두안
세관직원	douanier	두아니에
세금포함	TTC	떼떼쎄
세면대	lavabo	라바보
세이프 박스	coffre-fort	꼬프르 포르
세일하다	faire des soldes	패르 데 쏠드
세탁기	machine à laver	마쉰 아 라베
세트메뉴	menu à prix fixe	므뉘 아 프리 픽쓰
셔터	obturateur	옵뛰라뙤르
소음	bruit	브뤼이
소포	paquet / colis	빠께/꼴리

• 소풍	excursion	엑쓰뀌르씨옹
• 속달	express	엑쓰프레쓰
• 쇼핑몰	centre commercial	쌍트르 꼬메르씨알
• 쇼	spectacle	스뻭따끌
• 수리 기사	réparateur / garagiste	레빠라뙤르 / 갸라지스뜨
• 수선하다	réparer	레빠레
• 수속	enregistrement	앙르지스트르망
• 수신인	destinataire	데쓰띠나때르
• 수족관	aquarium	아꾸아리엄
• 수하물	bagage	바가쥬
• 수화기를 내리다	raccrocher	라크로셰
• 수화기를 들다	décrocher	데크로셰
• 수화기	récepteur	레쎕뙤르
• 술집	brasserie / bar / bistrot	브라쓰리 / 바르 / 비스트로
• 숨쉬다	respirer	레스삐레
• 슈퍼마켓	supermarché	쒸뻬르마르셰
• 스웨터	pull	쀨
• 스케줄	horaires	오래르
• 슬라이드 필름	diapositive	디아뽀지띠브
• 건물	bâtiment	바띠망
• 시끄러운	bruyant	브뤼양
• 시내통화	appel local	아뻴로깔
• 시차	décalage horaire	데깔라쥬 오래르
• 식당	restaurant	레스또랑
• 식료품점	épicerie	에삐쓰리
• 식물원	jardin botanique	쟈르댕 보따니끄
• 식사	repas	르빠
• 식전에	avant le repas	아방 르 르빠
• 식후에	après le repas	아프레 르 르빠
• 신고하다	déclarer	데끌라레
• 신문	journal	쥬르날

• 아침식사	petit-déjeuner	쁘띠 데죄네
• 안경	lunettes	뤼네뜨
• 안내소	informations	앵포르마씨옹
• 안전벨트	ceintures de sécurité	쌩뛰르 드 쎄뀌리떼
• 앉다	s'asseoir	싸쑤와르
• 앰뷸런스	ambulance	앙뷜랑쓰
• 야간 관광	excursion nocturne	엑쓰뀌르씨옹 녹뛰른느
• 야간 할증요금	tarif nuit	따리프 뉘이
• 야외극장	théâtre en plein air	떼아트르 앙 쁠렌 애르
• 약국	pharmacie	파르마씨
• 얼음	glaçons	글라쏭
• 엔진	moteur	모뙤르
• 엘리베이터	ascenseur	아쌍쐬르
• 여객선	bateau	바또
• 여권	passeport	빠쓰뽀르
• 여행사	agence de voyage	아쟝스 드 부와야쥬
• 여행안내책자	dépliant touristique	데쁠리앙 뚜리스띠끄
• 여행자수표	chèque de voyage	셰끄 드 부와야쥬
• 여행자	voyageur	부와야죄르
• 열다	ouvrir	우브리르
• 열쇠	clé	끌레
• 영화관	cinéma	씨네마
• 영화	film	필므
• 예약금	arrhes / avance	아르 / 아방쓰
• 예약하다	réserver	레제르베
• 예약	réservation	레제르바씨옹
• 오른쪽으로	à droite	아 드루와뜨
• 오페라	opéra	오뻬라
• 와인 리스트	liste des vins	리스뜨 데 뱅

• 완구점	magasin de jouets	마가쟁 드 쥬에
• 왕복표	aller et retour	알레 에 르뚜르
• 왕복 항공권	aller et retour	알레 에 르뚜르
• 왜	pourquoi	뿌르꾸와
• 왼쪽으로	à gauche	아 고슈
• 욕실	salle de bain	쌀 드 뱅
• 우유	lait	래
• 우체국	bureau de poste / La poste	뷔로 드 뽀스뜨 / 라 뽀스뜨
• 우체통	boîte aux lettres	부와뜨 오 레트르
• 우편엽서	carte postale	까르뜨 뽀스딸
• 우표	timbre	땡브르
• 운전면허증	permis de conduire	뻬르미 드 꽁뒤르
• 유로	euro	외로
• 유료도로	route à péage	루뜨 아 뻬아쥬
• 유원지	terrain des jeux	떼렝 데 죄
• 유지하다	garder	가르데
• 벼룩시장	marché aux puces	마르셰 오 쀠쓰
• 음악회	concert	꽁쎄르
• 음악	musique	뮈지끄
• 이것	celui-ci	쓸뤼 씨
• 이륙	décollage	데꼴라쥬
• 이메일	e-mail	이멜
• 인화	épreuve	에프리브
• 인환증	étiquette bagage	에띠께뜨 바가쥬
• 일정	itinéraire	이띠네래르
• 임대료	location	로까씨옹
• 입국관리	immigration	이미그라씨옹
• 입국신고서	carte de debarquement	까르뜨 드 데바르끄망
• 입국카드	carte de debarquement	까르뜨 드 데바르끄망
• 입원하다	être hospitalisé	에트르 오스삐딸리제
• 입장료	entrée / prix d'entrée	앙트레 / 프리 덩트레

핵심단어장

한국어	프랑스어	발음
• 작업중	travaux	트라보
• 작은	petit	쁘띠
• 잔돈	petite monnaie	쁘띠뜨 모내
• 잡지	revue	르뷔
• 장거리 통화	appel longue distance	아뻴 롱그 디스땅쓰
• 장비	équipement	에끼쁘망
• 재떨이	cendrier	쌍드리에
• 재미있는	intéressant	앵떼레쌍
• 재발행하다	rééditer	레에디떼
• 재확인하다	reconfirmer	르꽁피르메
• 저것	celui-là	쓸뤼 라
• 저녁식사	dîner	디네
• 적포도주	vin rouge	뱅 루쥬
• 전망 좋은	avec une belle vue	아베끄 윈 벨 뷔
• 전보	télégramme	뗄레그람
• 전시장	parc d'exposition	빠르크 덱스뽀지씨옹
• 전화로	par téléphone	빠르 뗄레폰
• 전화박스	cabine de téléphone	꺄빈 드 뗄레폰
• 전화번호	numéro de téléphone	뉘메로 드 뗄레폰
• 점심식사	déjeuner	데죄네
• 정오에	à midi	아 미디
• 정육점	boucherie	부슈리
• 정장	tenue correcte	뜨뉘 꼬렉뜨
• 제과점	boulangerie / pâtisserie	불랑쥬리 / 빠띠쓰리
• 조용한	calme	꺌므
• 좀더 나은	de mieux	드 미유
• 좀더 싼	de meilleur marché	드 메이외르 마르셰
• 좌석번호	numéro de place	뉘메로 드 쁠라쓰
• 좌석 안내도	plan de la salle	쁠랑 들 라 쌀

• 좌석	fauteuil	포뙤이
• 주류 일람표	liste de la boisson alcoolisée	리스뜨 들 라 부와쏭 알꼴리제
• 주류점	magasin de vins et spiritueux	마가쟁 드 뱅 에 스뻬리띠유
• 주문하다	commander	꼬망데
• 주문	commande	꼬망드
• 주사	piqûre	삐뀌르
• 주소	adresse	아드레쓰
• 주유소	station-service	스따씨옹 쎄르비쓰
• 주차하다	se garer	쓰 갸레
• 주화	pièce de monnaie	삐에쓰 드 모내
• 지도	carte	까르뜨
• 지명 통화	communication avec préavis	꼬뮈니까씨옹 아베끄 프레아비
• 지불정지	opposition	오뽀지씨옹
• 지불하다	payer	뻬이에
• 지역번호	code local	꼬드 로깔
• 지연되다	être en retard	에트르 앙 르따르
• 지폐	billet	비예
• 지하철 입구	bouche de métro	부슈 드 메트로
• 직업	profession	프로페씨옹
• 직행편	vol direct	볼 디렉
• 진단서	certificat médical	쎄르띠피카 메디깔
• 진열장	vitrine	비트린
• 진	gin	진
• 짐 맡기는 곳	vestiaire	베스띠애르
• 짐수레	chariot	샤리오
• 짠	salé	쌀레
• 짧은	court	꾸르

핵심단어장

한국어	프랑스어	발음
착륙	atterrissage	아떼리싸쥬
창구	guichet	기셰
창	fenêtre	프네트르
처방전	ordonnance	오르도낭쓰
첫 번째	premier	프르미에
체온	température	땅뻬라뛰르
체크아웃하다	régler la chambre	레글레 라 샹브르
체크인하다	enregistrer	앙르지스트레
체크하다	vérifier	베리피에
추가요금	supplément	쒸쁠레망
추천하다	recommander	르꼬망데
축제	fête	페뜨
출구	sortie	쏘르띠
출발지	ville de départ	빌 드 데빠르
춥다	avoir froid	아부와르 프루와
취급주의	fragile	프라질
취소하다	annuler	아뉠레
침대카	couchette	꾸셰뜨
침대	lit	리

한국어	프랑스어	발음
카드 키	clé magnétique	끌레 마녜띠끄
카트	chariot	샤리오
칵테일 라운지	bar à cocktail	바르 아 꼭뗄
칵테일	cocktail	꼭뗄
커피	café	까페

• 콜라	coca	꼬꺄
• 콜렉트콜	appel en PCV	아뻴 앙 뻬쎄베
• 큰	grand	그랑
• 클레임 택	étiquette bagage	에띠께뜨 바가쥬

• 타이어	pneu	쁘뇌
• 탈의실	cabine d'essayage	꺄빈 데쎄야쥬
• 탑승구	porte	뽀르뜨
• 탑승	embarquement	앙바르끄망
• 택시 기사	chauffeur	쇼피르
• 택시로	en taxi	앙 딱씨
• 택시승차장	station de taxi	스따씨옹 드 딱씨
• 택시요금	prix	프리
• 택시	taxi	딱씨
• 테니스장	court de tennis	꾸르 드 떼니쓰
• 테킬라	tequila	떼낄라
• 통과여객	passager en transit	빠싸제 앙 트랑지뜨
• 통화중	occupé	오뀌뻬
• 통화	devise / monnaie	드비즈 / 모내
• 트윈룸	chambre à deux lits	샹브르 아 되 리
• 티켓	billet	비예

• 팔다	vendre	방드르
• 팩스	fax	팍스

펑크난	crevé	크르베
포도주	vin	뱅
포즈를 취하다	poser	뽀제
포크	fourchette	푸르셰뜨
포함된	compris	꽁프리
프랑스요리	cuisine française	뀌진 프랑쎄즈
프로그램	programme	프로그람
프론트	réception	레쎕씨옹
플랫폼	quai	깨
필름	pellicule	뻴리뀔

한국어로 된	en coréen	앙 꼬레엥
한국 요리	cuisine coréenne	뀌진 꼬레엔
할인요금	tarif réduit	따리프 레뒤
할인점	magasin de vente au rabais	마가쟁 드 방뜨 오 라배
할인	réduction	레뒥씨옹
항공권	billet d'avion	비예 다비옹
항공봉함엽서	aérogramme	아에로그람
항공사 카운터	comptoir	꽁뚜와르
항공사	compagnie aérienne	꽁빠니 아에리엔
항공시간표	horaires de vols	오래르 드 볼
항공우편	par avion	빠르 아비옹
항공편	courrier par avion	꾸리에 빠르 아비옹
햄버거	hamburger	앙뷔르게
향수상점	parfumerie	빠르퓜므리
현금	en espèce	안 에스뻬쓰
호출 버튼	bouton d'appel / sonnette	부똥 다뺄 / 쏘네뜨

한국어	프랑스어	발음
• 혼자서	tout seul	뚜 쐴
• 홍차	thé	떼
• 화운데이션	fond de teint	퐁 드 땡
• 화장실	toilettes / W-C	뚜왈레뜨 / 두블르베쎄
• 화장품	produit de beauté	프로뒤 드 보떼
• 확인하다	confirmer / vérifier	꽁피르메 / 베리피에
• 환불하다	rembourser	랑부르쎄
• 환승편	vol de correspondance	볼 드 꼬레스뽕당쓰
• 환전률	taux de change	또 드 샹쥬
• 환전소	bureau de change	뷔로 드 샹쥬
• 훔치다	voler	볼레
• 휴지	papier hygiénique	빠삐에 이지에니끄
• 흑맥주	bière brune	비에르 브륀
• 흑백필름	pellicule noir et blanc	뻴리뀔 누와르 에 블랑
• 흡연석	en zone fumeurs	앙 존 퓌메르